فَيضُ السَّلام

بصُحْبة الشّيخ هِشام

ومِنَّة مولانا الشّيخ نَاظِم على الخاصّ والعَامّ

ومعه

التعريف بمولانا الشيخ محمَّد ناظم الحقّاني

والشيخ محمَّد هشام القبّاني حفظهما الله

والسلسلة النقشبندية الحقّانيّة العليّة

حققه وقدم له الدكتور جبريل فؤاد حداد عفي عنه

جاكرتا • دار الأعتاب

© 1431 / 2010 جميع الحقوق محفوظة جميع الحقوق محفوظة ©

© Copyright 2010 Dar al-A`tab

All rights reserved. No part of this book may be reproduced, stored in a retrieval system, or transmitted in any form, or by any means, electronic, mechanical, photocopying, or otherwise, without the written permission of Dar al-A`tab.

Published by:
Dar al-A`tab

Jakarta, Indonesia

Distributed by:

17195 Silver Parkway, #401
Fenton, MI 48430 USA
Tel: (888) 278-6624
Fax: (810) 815-0518
Email: staff@naqshbandi.org
Web: http://www.naqshbandi.org

First Edition: July 2008
ISBN: 978-1-930409-56-9

﴿إِنَّ ٱللَّهَ يُدَٰفِعُ عَنِ ٱلَّذِينَ ءَامَنُوٓاْۗ﴾

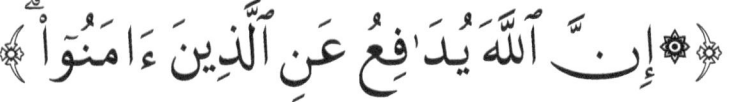

بِسْمِ اللَّهِ الرَّحْمَٰنِ الرَّحِيمِ

اللهم صل وسلم على سيدنا محمد وآله وصحبه ومن تبعهم بإحسان إلى يوم الدين

الحمد لله المنفرد بالعظمة والكبرياء والعزة والبقاء الملك الحنان المنان الجواد الذي هدى بفضله من شاء وأضل بعدله من شاء من العباد، فقال عز من قائل ﴿وَمَن يَهْدِ ٱللَّهُ فَهُوَ ٱلْمُهْتَدِ﴾ الإسراء ١٧ :٩٧ وقال ﴿وَمَن يُضْلِلِ ٱللَّهُ فَمَا لَهُۥ مِنْ هَادٍ﴾ غافر ٤٠ :٣٣ الذي خصّ بفضله العظيم من اصطفاه للحضرة القدسية وصفاه من كدورات الصفات النفسية فأبعد عنه الهَجْر والإبعاد، ونوّر قلوب أوليائه بنور معرفته وسقاهم بكأس محبته شراب الوِداد، وتجلّى لهم فشاهدوا جمال المحبوب وعجائب الملك والملكوت والغيوب، وتَنَعَّمَتْ بالمشاهدة منهم عينُ الفؤاد، وأجلسهم على بساط الأنس مقرَّبين في حضرة القُدْس وصَرَفَهُم في مُلْكه فَهُمُ

المُلوك في الحقيقة في جميع البلاد، فسبحان من أنعم عليهم بفضله ومنَّ عليهم بسَنِيِّ العطايا وجاد! أحمده على ما هدانا للإسلام وخصّنا بسيد الأنام وسراج الظلام سيدنا **محمد** ﷺ الماحي بنوره ظلام الكفر والعِناد، المخصوص بالمقام المحمود واللواء المعقود والحوض المورود والشرف المشهود يوم يقوم الأشهاد، **وأشهد** أن لا إله إلا الله وحده لا شريك له وأشهد أن سيدنا محمداً عبده ورسوله الهادي إلى سبيل الرشاد. اللهم صل على سيدنا محمّد ناصر الحق بالحق، الذي دعا لسيدنا حسان بن ثابت أن يؤيّده الله بروح القدس ما دام في نصرة رسوله فقال فيه ﷺ كما ذكره ابن عبد البر في ترجمة جناب الكلبي في الإستيعاب:

يا رُكْنَ مُعْتَمِدٍ وَعِصْمَةَ لائِذٍ * وَمَلاذَ مُنْتَجِعٍ وَجارَ مُجَاوِرِ

يَا مَنْ تَخَيَّرَهُ الإِلَهُ لِخَلْقِهِ * فَحَيَّاهُ بِالْخُلُقِ الزَكِيِّ الطَّاهِرِ

أَنْتَ النَّبِيُّ وَخَيْرُ عُصْبَةِ آدَمَ * يَا مَنْ تَجُودُ كَفَيْضِ بَحْرٍ زَاخِرِ

مِيكَالُ مَعَكْ وَجَبْرَائِيلُ كِلاَهُمَا * مَدَدٌ لِنَصْرِكَ مِنْ عَزِيزٍ قَاهِرِ

أما بعد، فهذه ورقات في ظلال الطريقة النقشبندية العلية تحوي التعريف الموجز لشيخنا ومرشدنا سر الأسرار ونور قلوب الأبرار سلطان الأولياء وحجة الله على العالمين في هذا العصر، قبلة الإرشاد وإمام الطريقة: مولانا الشيخ **محمد ناظم الحقاني** قدّس الله سره وأمدّ بعمره وعافيته، والتعريف بخليفته السيد القطب الآية الشيخ **محمد هشام القباني** النقشبندي الحقاني حفظهما الله تعالى. وبعض كلام الشيخ هشام مِن صُحَبه التي ألقاها باللغة العربية خلال سفرته إلى بلاد شرق جنوب آسيا شهر جمادى الأخير ١٤٣١ الموافق أيار مايو ٢٠١٠، ومن الله التوفيق.

سيدي سلطان الأولياء مولانا الشيخ ناظم قدّس سرّه

هو محيي السنّة ومؤيد الدين إمام الطريقة النقشبندية العلية وحامل راية شرف الرسول ﷺ والدعوة الحنيفية السمحة شرقاً وغرباً

حضرة مولانا العارف بالله سيدي الشيخ محمد ناظم عادل بن السيد أحمد بن السيد حسن يشيل باش القبرصي التركي ثم الصالحي النقشبندي الحقاني الحنفي

رضي الله تعالى عنه وحفظه الله تعالى وأطال عافيته وأكرمه. حدّثني أن أباه من نسل الشيخ عبد القادر الجيلي وبَلَغَني أن أمّه من نسل مولانا جلال الدين الرومي البَكْري قدّس الله أسرارهم فهو ابن حبيب الله وابن خليل حبيب الله ﷺ رضي الله عنه وقدّس سره. ولد سنة ١٣٤١ / ١٩٢٢ في لارْنَكا بقبرص ودرس في استانبول على يد

الشيخ جمال الدين الآلصوني (ت ١٣٧٥) و أخذ الطريقة النقشبندية عن الشيخ سليمان أرْضَرُومِي (ت ١٣٦٨) ثم أتى حِمْصاً ودرس فيها ثم اتصل بمولانا الشيخ عبد الله فائز الداغستاني الذي كان نزل أولاً في زاوية السادة الجِباوي عند الباب الصغير قبل أن يتحوّل إلى بيته الذي اشتراه وهيأه له تلميذه الأقدم مولانا الشيخ حسين العِفريني رحمه الله في سفح قاسيون بدمشق. فاشترى مولانا الشيخ ناظم بيتاً بجواره وأقام في الشام أكثر من ثلاثين عاماً ثم تحوّل إلى قبرص الشمالية في بداية الثمانينات وأقام فيها إلى الآن.

قرأت بخط مولانا الشيخ ناظم قدس الله سره: قال حضرة الأستاذ في المدينة المنورة ٢٤ ذي الحجة ١٣٨٦ - ٤ إبريل ١٩٦٧م:

روح الطريقة مرتبط بالمحبة والاتّباع، والشريعة أحكام والطريقة آداب. اه. أُخبرت أن مولانا قال: أكرمني الله نحو عشرين مرة أو

أكثر بالحج أيام السلف الصالح وكانوا يقرؤون (الحزب الأعظم) في عرفة غير مرة. ويروي مولانا في العلوم عن كبار الحماصنة كالشيخ عبد العزيز بن محمد علي عيون السود ووالده والشيخ عبد الجليل مراد والشيخ عبد القادر خواجه، جميعهم من السادة الحنفية والشيخ طاهر الرئيس في الفقه الشافعي والشيخين محمد ومحمود جُنَيد. وحظت بشرف مبايعة مولانا الشيخ ناظم في لندن رمضان سنة ١٤١٢ الموافق ١٩٩٢م.

ونعمة الله تعالى عليّ بمرشدي لا تُحصى، فهو الزُّمُرُّد العنقاء، عَلَم أنوار الوراثة المحمّدية ومظهر علومها وبهائها، وسيلة المتوسلين إلى رضا الله ورسوله ﷺ وعنوان صحبة الصِدِّيقِين وتوفيق المسترشدين. أسكنني بيته في قاسيون لما تحوّلتُ إلى دمشق سنة ١٩٩٧، وأكرمني إكراماً عظيماً. وقبلها في أمريكا سمعته تكلّم

بالتركيّة لبعض القبارصة فأخبرني الأخير أن مولانا قد قال: جبريل مِنّا ولنا. وكثير ما شهد لي بالعلم أثناء زياراته للشام وفي زاويته في قبرص شهادات جليلة ليقوّي معنويّاتي ويجبر خاطري ويشدّ همّتي. وكم له على طالبي طريق الحق شرقاً وغرباً من نِعَمٍ ظاهرة وباطنة! فأرجو أن أُكتَب من المحبّين له، وأن يَجْبُرَ المقتدرُ تعالى كسري وضعفي به، ويُديم عافيته وينفع به أمة سيدنا محمد ﷺ، زيادةً لشرف نبيّه المصطفى وإكراماً لحبيبه المرتضى ﷺ. وأقول في مولانا الشيخ ناظم قول الحبيب علي الجفري حفظه الله من ديوانه الذي سمعناه يُنشَد في دار والده السيد عبد الرحمن ببلدة كَيْفُون في جبل لبنان بوجودهما:

لِجَمالِ وجهك في الوجود مَظاهِرُ * تَخْفَى في قلبي أو تلوح فَتَظْهَرُ

ولَها على الأكوان سطوةُ قاهِـــــرٍ * تَبْدُو لِأَهْلِ الحَيِّ فيه فَيَسْكَروا

يا مَنْ على وصــف الشُهُودِ تَوَلَّهاً * يَفنَى ويبقى في البهـــاءِ مُسَيَّرُ

وكأنّ في هذه الأبيات إشارات لطيفة إلى بعض أصول طريقة شاه بهاء الدين نقشبند محمد بن محمد الأويسي البخاري قدّس الله سرّه، كتصوُّر المريد لشيخه المربّي بين عينيه عند جمع همّته واسترشاد نيّته الذي يُعرف بـ(الرابطة) و(المراقبة) كما في مؤلّفات المجدد مولانا الشيخ خالد البغدادي وغيره من الأجلّاء ثم تحصيل نقش الذكر الخفي في القلب وامتثال المريد لصفات المرشد حتى انعكاسها الخَلْقي والخُلُقي عليه وفيه، فمنها الجمالي الجذّاب، ومنها الجلالي القاهر، كما شهدناه في شيخنا الآية سيدي الشيخ هشام، تُبهِر الشاهد بسيران أسرارها. ومن مراسلات العبد الضعيف إلى مولانا الشيخ ناظم قول ابن الفارض:

مَنْ فَاتَهُ مِنْكَ وَصْلٌ حَظُّهُ النَّدَمُ * وَمَنْ تَكُنْ هَمَّهُ تَسْمُو بِهِ الْهِمَمُ

وَنَاظِمٌ فِي سِوَى مَعْنَاكَ حُقَّ لَهُ * يَقْتَصُّ فِي جَفْنِهِ بِالدَّمْعِ وَهْوَ دَمُ

فِي كُلِّ جَارِحَـــةٍ عَيْنٌ أَرَاكَ بِهَا * مِنِّي وَفِي كُلِّ عُضْوٍ للِسَّنَاءِ فَمُ

فَإِنْ تَكَلَّمْتُ لَمْ أَنْطِــقْ بِغَيرِكُمُ * وَإِنْ سَكَتُّ فَشُغْلِي عَنْكُمُو بِكُمُ

فَمَا المُنَازِلُ لَولَا أَنْ تَحُـــلَّ بِهَا؟ * وَمَا الدِّيَارُ وَمَا الْأَطْلَالُ وَالْخِيَمُ؟

لَوْلَاكَ مَا شَاقَنِي رَبْعٌ وَلَا طَلَلٌ * وَلَا سَعَتْ بِي إِلَى نُحْوِ الْحِمَى قَدَمُ

نَسِيْتُ كُلَّ طَرِيقٍ كُنْتُ أَعْرِفُهَا * إِلَّا طَرِيقـــاً يُؤَدِّينِي لِرَبْعِكُمُ

أَخَذْتُمُ الرُّوحَ مِنِّي فِي مُلَاطَفَـــةٍ * فَلَسْتُ أَعْرِفُ غَيْراً مُذْ عَرَفْتُكُمُ

والبيت الثاني أصله: وَنَاظِرٌ فِي سِوَى مَعْنَاكَ. ومنها أيضاً قول الشاعر في (طوق الحمامة):

أَوَدُّكَ وُدّاً ليس فيه غَضاضَةٌ * وبعضُ مَوَدّاتِ الرِّجالِ سَرابُ

وَأَمحَضْتُكَ النُصحَ الصَّريحَ وفي الحَشا * لِوُدِّكَ نَقْشٌ ظاهرٌ وكتابُ

فَلَو كان في روحي سِواكَ اقْتَلَعْتُهُ * وَمُزِّقَ بالكَفَّينِ عَنه إِهابُ

وما لي غَيرُ الوُدِّ منكَ إرادَةٌ * وَلَا في سِوَاهُ لي إِليكَ خِطابُ

إذا حُزْتُهُ فالأَرضُ جَمْعاءُ وَالوَرَى * هَبَاءٌ وسُكّانُ البِلادِ ذُبــابُ

وكان أول كلام خاطبني به مولانا: عليك باتّباع الشيخ هشام.

سيدي الشيخ هشام قباني قدّس سرّه

هو أشهرُ أَتْباع مولانا الشيخ ناظم على الإطلاق وصهره: القطب الآية باب مدينة العلم في عصرنا، واسمه بين الرجال الإشراقيين على ما ذكر مولانا الشيخ ناظم عَلَناً (مدد الحق حجة الله المخلص) وأسماه أيضاً (القطب المتصرّف)، **سيدي الشيخ محمد هشام بن الحاج محمد سليم قباني الحسيني** النقشبندي الحقاني الشافعي اللبناني (ولد ١٣٦٤/ ١٩٤٥) وأمه الحاجّة يُسرى عثمان العلايلي من نسل سيّدنا الحسن رضي الله عنه. ونسبهم مشهور ومسطور يوجد رسم شجرته عند قارئ الشام سيدي الشيخ محمد العربي القباني الحسيني الأزهري كما أفادنيه رحمه الله. درس الشيخ هشام الطب في جامعة لوفان (Louvain)) في بلجيكا وأدرك مولانا الشيخ عبد الله الفائز الداغستاني (١٢٩٤-١٣٩٣/ ١٨٧٧-١٩٧٣) في الشام سنة

١٩٥٨ في الثالثة عشر من عمره ولازمه خمسة عشر سنة حتى وفاته، وأدرك كبار علماء بيروت والشام كمفتي لبنان: الشيخ توفيق الهبري (١٨٦٩-١٩٥٤) صهر سيدي الشيخ عبد الله والشيخ صالح فرفور والشيخ أبي الخير الميداني رئيس رابطة العلماء والشيخ إبراهيم الغلاييني والسيد مكي الكتاني نائب رئيس رابطة العلماء والمحدث الأكبر السيد بدر الدين الحسني والسيد العربي العزوزي الجزائري أمين الفتوى في لبنان وخاله الشيخ مختار العلايلي مفتي الجمهورية اللبنانية وخاله الشيخ الأديب عبد الله العلايلي رحمهم الله أجمعين، ومدير دار الفتوى في لبنان الشيخ السيّد صلاح الفخري حفظه الله، وكلهم كانوا يزورون مولانا الشيخ عبد الله ويتّعظون بنصيحته ويتبرّكون بصحبته. ثم تحوّل إلى السعودية، قال لي السيد محمد بن علوي المالكي رحمه الله في منزله بمكة المكرّمة عام الحج الأكبر سنة

١٩٩٩ عن الشيخ هشام: (هو صَدِيقي). وكان يعمل مع أخيه الطبيب محمود قباني في بعض مشافي جدة حيث رآهما أستاذنا القارئ الجامع الطبيب سامر بن ممدوح بن شريف النص الدمشقي وحيث عمل معهم مفتي سوريا الحالي الشيخ بدر الدين أحمد حسون وابن عمهم مفتي لبنان الحالي الشيخ محمد رشيد قباني. وكان والد الشيخ هشام الحاج محمد سليم شيخ السوق في بيروت وهو من كبار تجار لبنان في الأقمشة ومن ملاكي الأراضي وكان منزله في بيروت معموراً بزيارة العلماء لأنه كان أوسع من بيت الشيخ مختار. ثم تحول الشيخ هشام وأسرته إلى أمريكا بعدما وصلته رسالة دعوة من السفارة الأمريكية في بيروت تفيده بإتاحة تأشيرة للإقامة فيها وكان شقيقه الشيخ محمود قد قدم لها لصالح الأقرباء والأصدقاء إذ هي نصيب (lottery) فانتقاه الكمبيوتر وهو يتاجر

في سنغافورة وينشر فيها الطريقة. فاستشار مولانا الشيخ ناظم فأمره بقبول التأشيرة إذ جاءت الدعوة دون طلب منه فكانت له أحلّ الحلال. فدخل أمريكا في ٢١ آب ١٩٩١ وكان أول من اصطحبه ثَمّ من المريدين: طاهر متين صديقي وعبدالحق سازونوف وعبدالرؤوف مكي وأحمد فؤاد ورجل قبرصي، فبايعوه بأمر مولانا الشيخ ناظم وثبت الجميع على الخدمة وأوفوا بعهدهم له إلا الأخير، أبدل صداقته عداوة، وانخلع بأَخَرَةٍ فانخدع، ﴿فَكَذَّبَ وَعَصَىٰ ﴿٢١﴾ ثُمَّ أَدْبَرَ يَسْعَىٰ ﴿٢٢﴾ فَحَشَرَ فَنَادَىٰ ﴿٢٣﴾﴾ وذهب إلى مولانا الشيخ ناظم ينمّ الإفتراءات على الشيخ هشام ويغتابه ويبهته، فما التفت إليه مولانا. ثم التقيت بسيادة الشيخ هشام على رأس سنة ١٩٩٢ في ولاية كاليفورنيا ولازمته إلى أن تحولت إلى الشام سنة ١٩٩٧. ونشر ردوداً على دعاة الإفراط

والتفريط الموسومين بالوهّابية بمجلدات بالإنجليزية مشحونة بأدلة أهل السنّة. وله كتاب (الطريقة الذهبيّة الصوفية النقشبندية) جلد ضخم حافل بالانجليزية ومنشورات كثيرة جداً ومواقع تربوية على الإنترنات عبّر في طائفة منها عن إرشادات مولانا الشيخ عبد الله الداغستاني ومولانا الشيخ ناظم الحقاني قدس الله أسرارهما لم يسبقه بل لم يقرب منه أحدٌ قط في خدمتهما. نعم المشهور بلقب السلسلة الذهبية عند النقشبندية خاص بسلسلة أهل البيت الجنيدية العلوية منهم، كما هو مسطور في (الكواكب الدرية) و(الحدائق الوردية)، لكن هذه السلسلة الحقانية تسمو إلى الإمام جعفر الصادق أيضاً فجمعت بين آل مدينة العلم وصاحب الغار، ومن جهة أخرى هي حقيقةٌ بأن تسمَّى ذهبية لجلالة سرّها وبروزها بين سائر الطرق في عصرنا والكل من رسول الله ملتمِسٌ.

والشيخ هشام فَذّ الأولياء—ولا نزكّي على الله أحداً لكن ظهرت البراهين والآيات كالشمس في رابعة النهار وليس الذي يرى كالذي لا يرى—صاحب سر عظيم وعناية وتأييد ودعوة وإدارة وحذق ونظر ثاقب وفتح قاهر، ما حاجّ أحداً ولا خاصمه إلا غلبه، وكل ذلك بفضل شيخه مولانا الشيخ ناظم. سمعنا مولانا الشيخ ناظم مرة يسميه (قطب المتصرف)، ومرة أخرى (خليفة الشيخ عبد الله وخليفتنا)، ومرة أخرى (لسان الأولياء)، وكله إما مدوّن وإما مسجَّل آلياً بصورة أو صوت. ومثاله مثال إسمَي النبي ﷺ سيدنا الضحوك القتّال. والشيخ هشام عين الحلم وزين العلم، وهو قبلة المريدية في هذه الطريقة العلية، والعمدة المعوَّل عليه في تعلّم أدب المريد مع شيخه والمأمور الأول من طرف حضرة القُدْسيّة مولانا الشيخ محمد ناظم الممجَّد قدس الله سره

بحمل راية تعظيم الرسول ﷺ والدعوة والإرشاد في سائر أقطار العالم منذ ما خرج من لبنان، لا سيما أمريكا الشمالية حيث أخذ مولانا الشيخ ناظم البيعة سنة ٢٠٠٠ من جميع المنتسبين إلى الطريقة النقشبندية العلية فيها على طاعة الشيخ هشام ومناصرته ومؤازرته وتسليم الأمر والإمارة له فقام بها الجم الغفير وشذ من شذ. وهو الذي أوصلني بنور عيني وحياة قلبي مولانا الشيخ ناظم من أول إسلامي ثم استأذنه لأسكن بيت مولانا الشيخ المبارك في سفح قاسيون لما هاجرت إلى الله ورسوله ﷺ، فجلست وأسرتي في كنف ذلك الحرز والحصن الحصين تسع سنين أجاور ضريح مولانا سلطان الأولياء الشيخ عبد الله الفائز، وبظلّ المحطات العظمى والزيارات المشهورة كنبي الله ذي الكفل عليه السلام وسيدي الشيخ محيي الدين ابن عربي والشيخ خالد البغدادي وخليفته الشيخ

إسماعيل الأناراني والشيخ عبد الغني النابلسي، أتشرّب وأقتات الأنوار والأحوال كالطفل الرضيع في حضن الأم الحنون. وهناك مِنَن جسيمة أخرى كثيرة تفضل عليّ الشيخ هشام بها لا يسعني أن أذكرها هنا سوى أن لولاه ما اهتدينا ولا صمنا ولا صلينا فصلّت عليك ملائكة الرحمن يا سيدي الشيخ ورضي الله تعالى عنك وجزاك عني وعن الأمّة خير الجزاء ورفع مقامك في الدارين. ومن آلاء الله التي رأيتها فيه: همّته لتعليم الناس حسن الظن بالله تعالى، رزقنا الله الرضا بقسمته وقضائه وحسن الخاتمة.

يا ابنَ الشيخ ناظِمْ سيِّدْ هِشَامْ * يا بابَ مُلْتَزَمْ وَمِفْتَاحَ الحَطِيمْ

على لِسـانِكْ أَنْزَلَ النورَ المولى * وإنّي أُحِبُّكْ على وَجَلْ مِنِّي عَظِيمْ

فلا أمْلِكْ إلَّا أنْ أرْجُوهُ الوَفَا * لكْ بِحمْدِهْ إليكْ عَلَى المَنِّ العَمِيمْ

وَأَنْ تَعفُوْ عنّي سَيْدِي قَصرِي وَما * أَخالُكْ إِلَّا بابْ مَولانا كريمْ

فَارْحَمْ حَسْرَتي فِيمَا فَرَّطْتُ فيـ * ـمَنْ لَوْلَاهْ تَاهَ ذَاكَ القلبُ الأثيمْ

وَجُدْ لَا لِغَيرِكُمْ لِي أَيْ مَقْصَدَا * رِضَا أَحْبابِ قَلْبي دواؤُهْ يا كَريمْ

وقلت في الشيخ هشام حفظه الله أيضاً:

يا بابَ الشيخ ناظِمْ * يا ركنَ المريدين

أنت سرّ الوَصْلِ * مفتاحُ المَقبولين

هشامُ الفَتْحِ يا * لِسانَ الحقّاني

طوبى لنا يا حَــ * ــبَّذّا مِنْ قبّاني

عَلِيٌّ أنْتَ في الْــ * أصْهارِ وَبارُّهْ

صِدّيقُ الحَضْرَةِ الْــ * قُدْسِيَّهْ ترْجُمانُهْ

أَعْلامُ بَحْرِهِ الزَّخّارْ * وَدُرُّهْ وَجُمانُهْ

كَالرِّيحِ المُرْسَلَهْ * مِنَ الوُدِّ إِمْدادَا

لَيْتَ شِعْرِي مَتَى * يَقْبُرُنِي مَوْلانَا

فَتَدُسُّ الجَبِينْ * أَقْدامُهُمْ إِكْرامَا

الشيخ هشام سرّ مولانا الشيخ ناظم

الشيخ هشام سرّ مولانا الشيخ ناظم الحقاني وابنه البارّ وصدّيقه ومرآته وحِبّه الصادق وعامله الأمين على الإرث الرحماني والنبوي الشريف السائر في هذه السلسلة العلية. فسبحان قاسم القلوب والعقول، رافع الدرجات، الجزيل العطاء، المتفضل على من يشاء من عباده، ﴿ إِنَّ ٱللَّهَ يَرۡزُقُ مَن يَشَآءُ بِغَيۡرِ حِسَابٍ﴾ آل عمران ٣ :٣٧ ﴿ يَخۡتَصُّ بِرَحۡمَتِهِۦ مَن يَشَآءُۗ وَٱللَّهُ ذُو ٱلۡفَضۡلِ ٱلۡعَظِيمِ﴾ آل عمران ٣ :٧٤. وأُمِرنا بالنصيحة الخالصة لأمّة الحبيب ﷺ والتحدّث بنعم المولى الظاهرة والباطنة، التي لا يُحصى عددها ولا يحصر مددها. **إنما الدِّينُ النَّصِيحَةُ** ﴿ وَأَمَّا بِنِعۡمَةِ رَبِّكَ فَحَدِّثۡ ﴾ الضحى ٩٣ :١١ وقال ﷺ **أَنْزِلُوا النَّاسَ مَنَازِلَهُمْ** . والشيخ هشام أجاب أمر مولانا الشيخ ناظم بنصرة الحق وتعظيم الرسول ودعوة

الإسلام وخدمة الطريقة وأهلها ونصيحة الأمّة شرقاً وغرباً ليلاً نهاراً على أوفق وجه وأكمل وجه وأقوى وجه. ولم يزاحمْه أحد عليه لا من قريب ولا من بعيد ولا في علو همّته والقيام بهذا الأمر، فقد بلّغ الشيخ هشام بإذن الله ورضا رسوله وبركة مولانا الشيخ ناظم، بلّغ الآيات وذكّر الأحاديث ونصح النصائح والتوجيهات الصحيحة لملايين البشر في العالم من ولاة الأمر وعامّة الناس منذ الثمانينات في أمريكا وكندا وأوربا وآسيا الوسطى والقصوى وشرق جنوبها وقارة الهند والمغرب وأفريقية وجنوبها ووسطها، والشرق الأوسط وأستراليا، ونظّم المؤتمرات الدولية التي حضرها مئات علماء المسلمين والمفتين، ونشر الكتب والمجلات والشرائط والمؤلفات ومواقع الإنترنات في جميع اللغات، وانتدبه مولانا الشيخ ناظم لحمل رسائله إلى الملوك وولاة العهد والرؤساء وولاة الأمر

ومقابلتهم ونصيحتهم. وكان أول من وضع لمولانا الشيخ ناظم قُدِّس سرُّه منبر بثٍّ مباشر صوتاً وصورةً من مَقَرِّه في قبرص إلى جميع أنحاء العالم ابتداءً من سنة ٢٠٠٨. وكان أول كتاب نشره في حياته: كتيّباً وضعه هو وشقيقه الشيخ عدنان بوجود مرشد الزمان وغوث الأنام أبي الفقراء سلطان الأولياء مولانا الشيخ عبدالله الفائز الداغستاني قدّس الله سره والشيخ هشام في السادسة عشرة من عمره. فيا ليت شِعري كيف اغترّ حتى بعض الأولياء من مشايخنا الشاميين أن القطبيّة في أمريكا لغير الشيخ هشام فكادوا أن يغرّونا معهم، اللهم صلِّ على سيدنا محمّد كامل النور!

﴿التحذير من طائفة الأحباش اللبنانية﴾

والشيخ هشام هو الذي استجاب بالكلّية لأمر مولانا الشيخ ناظم بدحض دعاوى المخالفين بالأدلة العقلية والنقلية—ولم يقف أحد

من المدّعين يدافع عن الصوفية والوَسَطِيّة دفاعَه. والمخالفون هم الذين غرقوا بالبدع وارتضوها ديناً، يخطّئون أئمة الدين ويبدّعون مقلِّديهم، وينشغلون عن عيوب أنفسهم باستتابة الموحّدين وشتْم الأولياء الصالحين والعلماء العاملين كما تفعله جماعة (الأحباش اللبنانية) التكفيرية أتباع الطاغية عبد الله الهرري (هلـك ٢٠٠٨) ﴿ طَلْعُهَا كَأَنَّهُۥ رُءُوسُ ٱلشَّيَـٰطِينِ ﴿٦٥﴾ ﴾ الصافات ٣٧: ٦٥. منهم أفّاك أشِر اسمه سمير القاضي اخترع أكاذيب على مولانا الشيخ ناظم. ويسمّون أنفسهم «جمعيّة المشاريع الخيرية الإسلامية» (Association of Islamic Charitable Projects AICP). ذكر علّامة الشام الفقيه المسند المحدّث الأديب العارف بالله الزاهد بقية السلف الصالح السيد إبراهيم اليعقوبي (١٣٤٣-١٤٠٦) مفتي المالكية ثم الحنفية في الجامع الأموي ابن القطب السيد إسماعيل بن

السيد محمد الصديق اليعقوبي رحمهم الله في كُنَاشَته أن عبد الله الهرري مؤسس حركة الأحباش اللبنانية قرأ عليه بعض الكتب أيام إقامته في دمشق، فالهرري في عداد تلاميذه، وكان السيد إبراهيم في طليعة من أخرجه من سوريا، وكان يراه ضالاً مضلاً على حد تعبير ابنه شيخنا العلامة المسنِد المربّي الداعية الآية سيدي محمد أبي الهدى حفظه الله تعالى، وقد ألّف الهرري هذا كتاباً يفسّق فيه بعض الصحابة رضي الله عنهم سماه (الدليل الشرعي على إثبات عصيان من قاتلهم عليّ من صحابي أو تابعي)، وهذا يخالف نهج أهل السنة والجماعة، قال الإمام الطحاوي في عقيدته «ونحبّ أصحاب رسول الله ﷺ ولا نفرط في حبّ أحد منهم ولا نتبرأ من أحدهم، ونبغض من يبغضهم وبغير الحق يذكرهم، <u>ولا نذكرهم إلا بخير</u>، وحبّهم دين وإيمان وإحسان، وبغضهم كفر ونفاق وطغيان.» اهـ. والإمام

الهيتمي يقول في (الصواعق المحرقة) «إعلم أن الذي أجمع عليه أهل السنة والجماعة أنه يجب على كل أحد تزكية جميع الصحابة بإثبات العدالة لهم والكف عن الطعنِ فيهم، والثناءُ عيلهم، فقد أثنى الله سبحانه وتعالى عليهم في آيات من كتابه، منها قوله تعالى: ﴿ كُنتُمْ خَيْرَ أُمَّةٍ أُخْرِجَتْ لِلنَّاسِ ﴾ آل عمران ٣: ١١٠ فأثبت الله لهم الخيرية على سائر الأمم، ولا شيء يعادل شهادة الله لهم بذلك لأنه تعالى أعلم بعباده وما انطووا عليه من الخيرات وغيرها، بل لا يعلم ذلك غيره تعالى. فإذا شهد تعالى فيهم بأنهم خير الأمم وجب على كل أحد اعتقاد ذلك والإيمان به وإلا كان مكذِّبا لله في إخباره، ولا شك أن من ارتاب في حقّية شيء مما أخبر الله أو رسوله به، كان كافراً بإجماع المسلمين.» اهـ. وعدّ تنقيصهم من الكبائر في (الزواجر).

ثم في كتابه (التعاون على النهي عن المنكر) يتبنى عبد الله الهرري القول بتجهيل من قال بعدم تكليف بعض الأنبياء بالتبليغ من الأئمة والمفسرين كالإمام الرازي والقرطبي والسيوطي في الجلالين والسنوسي في الحقائق وغيرهم. وفتاوى الهرري الخليعة مشهورة عند علماء سوريا ولبنان، مع انتحاله وفرقته مذهبَ أهل السنة والحديث والتصوف، إذ يتبجحون بأنهم (شافعية أشعرية رفاعية) إلا أن فيهم تكبّر على الأولياء وجرأة خوارجية على تكفير العلماء وتضليلهم، كما فعلوا بالسيد متولي الشعراوي والدكتور محمد سعيد رمضان البوطي والدكتور يوسف القرضاوي والشيخ رجب ديب صاحب المفتي أحمد كفتارو وسيدي الشيخ محمد بن علوي المالكي كما أخبرنيه بمنزله بمكة عام ١٩٩٩ وشيخنا مولانا الشيخ ناظم وغيرهم، ويُكفّرون ابن تيمية وابن القيم وكل من

يستشهد بأحدهما، وتقاتلوا هم والوهابية بالسكاكين والأسلحة النارية في لبنان، حتى في المساجد. وقال فيهم الدكتور علي جمعة مفتي جمهورية مصر العربية: «تنتسب هذه الطائفة إلى شخص يُدعى عبد الله الهرري الحَبَشي. وهي طائفة لها ظاهر وباطن. فظاهرها التمسّك بظاهر مذهب الشافعي في الفقه ومذهب الإمام الأشعري في العقيدة. وباطنها تكفير المسلمين، وتفسيق المؤمنين، وإشاعة الفتنة بين الأمة، والعمالة - في مقابل المال - لأعداء الإسلام والمسلمين. . . . فرأيناهم يثيرون مسألة اتجاه القبلة في أمريكا مخالفين مقتضيات العلم الحديث منكرين الواقع المحسوس باعتباره بدعة، وفي نفس الوقت أثاروا نفس المشكلة في اليابان، وأثاروا مشكلة الصلاة خلف غيرهم، ومشكلة الأطعمة، ومشكلة الزواج من الكتابيات، وغيرها من المسائل المختلف فيها بين المجتهدين

العظام والأئمة الأعلام على مر العصور. وذهبوا إلى حِلّ اختلاط الرجال بالنساء، والى تكفير حكّام المسلمين، والى جواز التعاون مع المشركين، في خلط غريب لم يحدثْ لدى مذهب أو طائفة من مذاهب وطوائف المسلمين من قبل. وقد أشاعوا موت إمامهم ثم أشاعوا حياته، ولا يدري أحد نوع المرض النفسي أو العقلي الذي أصاب هؤلاء فجعلهم يهرفون بما لا يعرفون بهذه الطريقة العجيبة التي جعلت كل المسلمين يأنفون من سيرتهم التي تذكر دائمًا بالفتنة والفُرْقَة، ولقد أصدرت عدة جهات إسلامية معتبَرة التحذير منهم: منها مجمع البحوث الإسلامية بالأزهر الشريف، والهيئة العامة لإدارة البحوث العلمية والإفتاء والدعوة والإرشاد بالسعودية، والمجلس الأعلى للإفتاء بأمريكا الشمالية وغيرها.» اهـ. نشرت هذه الفتوى سنة ١٩٩٩. ومن كلام بعضهم فيهم: «هذه الطائفة ضالّة

ورئيسهم المدعو عبد الله الحبشي معروف بانحرافه وضلاله فالواجب مقاطعتهم وإنكار عقيدتهم الباطلة وتحذير الناس منهم ومن الاستماع لهم أو قبول ما يقولون» اهـ. والوهّابية أوثق من الأحباش في نقولهم لأنّهم أقلّ كذباً، إلا أن ما نقموا منهم من مسائل التوسّل باطل مردود كما لا يخفى.

﴿التحذير من طائفة الوهّابية ومنتحلي اسم السلفية﴾

ومن المخالفين لأهل السنّة والجماعة اتّفاقاً، الذين وقف الشيخ هشام في وجههم وجاهدهم وأباطيلهم جهاداً كبيراً: الوهّابية والّذين يسمّون أنفسهم سلفيين في البلاد، وهم المتخصصون بتنقيص الرسول الأعظم ﷺ وآله وصحبه وكرّم تكريماً، المولعون بنبْز الصوفية والمتوسلين بلقب (الطُرُقية القبورية) وبمنْع الزيارة

المشروعة، ومنع التوسل المشروع، ومنع القراءة المشروعة على القبر، ومنع القراءة المشروعة على الماء والنَّفْث المشروع للاستشفاء والرُّقى، ومنع التَعْوِيذَة الشرعية، ومنع المولد النبوي الشريف الذي احتفل به سائر شعراء الصحابة رضي الله تعالى عنهم، منهم عمّ النبي ﷺ سيدنا العباس القائل كما في مستدرك الحاكم وغيره:

وَأَنْتَ لَمَّا وُلِدْتَ أَشْرَقَتِ الْأَرْ * ضُ وَضَاءَتْ بِنُورِكَ الْأُفُقُ

وَنَحْنُ فِي ذَلِكَ الضِّيَاءِ وَفِي * سُبُلِ الْهُدَى وَالرَّشَادِ نَخْتَرِقُ

ومنع التبرُّك الذي هو عين القرآن والسنّة ولبّ الدين الحنيف، ومنع إهداء الثواب، ومنع تقبيل يد العالم الذي أثبته الصحابة والسلف سنّةً مشروعة وعادةً زكية، ومنع تقليد المقلَّدين في الدين، ومنع الدعاء بالجماعة، بل منع تلاوة القرآن المجيد بالجماعة، ومنع حِلَق الذِّكر، ومنع القيام عشرين ركعة الذي أَجمعت عليه خير أمّة

أخرجت للناس، ومنع مجالس الصلاة على شفيعنا سيدنا محمد ﷺ التي هي غذاء الأرواح وحياة القلوب، ومنع المصنَّفات فيها، ومنع تسميته نوراً والله هو القائل: ﴿ **قَدْ جَاءَكُمْ مِنَ اللهِ نُورٌ وَكِتَابٌ مُبِينٌ** ﴾ المائدة ٥ : ١٥ قال الطبري وسائر أهل التفسير (يعني بالنور، محمدًا ﷺ الذي أنار الله به الحقَّ)، ومنع تسويده ﷺ وهو سيد السادات ونور الموجودات القائل **أَنَا سَيِّدُ وَلَدِ آدَمَ وَلَا فَخْرَ**، ومنع كتب القوم روحي فداءٌ لهم، ومنع، ومنع، ومنع! ﴿ **ٱلَّذِينَ ضَلَّ سَعْيُهُمْ فِي ٱلْحَيَوٰةِ ٱلدُّنْيَا وَهُمْ يَحْسَبُونَ أَنَّهُمْ يُحْسِنُونَ صُنْعًا** ﴿١٠٤﴾ ﴾ الكهف ١٨ :١٠٤فهم المحرومون،فمنهم من وصفناهم في كتابنا (الألباني وزملاؤه) ومنهم في الغرب دُجَيّل تالف مدعو بلال فِيلِبس وهو على إسمه فيه لبس إبليسي يتقطّر سباب الأولياء من لسانه تقطّر السُّمّ من لسان الأفاعي. ومثلُهم فروعهم الحَرَكيّة

كحزب التحرير الإنقلابيين، المندسّين في البلاد بتستّر الإصلاح والمسلمون لم يتنبّهوا من أمرهم، فينظر لزوماً كتاب الأستاذ جواد بحر نتشة (قراءات في فكر حزب التحرير الإسلامي) صدر ٢٠٠٧

ولْنذكر نبذة من العلماء الربّانيين رضي الله عنهم ممن ردّ أشدّ الردود على الوهابية. فمن علماء الحجاز والجزيرة: مفتي مكة المكرّمة العلّامة السيد أحمد بن زيني دَحْلان صاحب المصنّفات، والسيد الشريف عبد الله بن حسن باشا بن فضل باشا أمير ظفار مؤلّف (صدق الخبر في خوارج القرن الثاني عشر)، وشيخنا المبجّل الحبيب محمد بن علوي بن عباس المالكي الحسني له (مفاهيم يجب أن تُصَحّح) و(منهج السلف في فهم النصوص) وغيرهما، وشيخه السيد محمد عربي التُبّاني الجزائري السَّطِيفي الحسني مؤلّف (براءة الأشعريين من عقائد المخالفين) الذي طبع تحت إسم قلم ابن

مرزوق والعلامة الفقيه محمد بن عبد الرحمن ابن عفالق الأحسائي ثم النجدي الحنبلي يعتبر عمدة في مذهبهم وهو معاصر لمحمد بن عبد الوهاب وردّ عليه بكتاب سماه (تهكُّم المقلدين على مُدَّعي تجديد الدين) والشيخ سليمان بن عبد الوهّاب شقيق محمّد ومؤلّف كتاب حافل مشهور بإسم (فصل الخطاب) رحمهم الله. ومن علماء الشام: حسّان أحمد ﷺ الشاعر القاضي المحدّث الشيخ يوسف بن إسماعيل النبْهاني البيروتي صاحب (شواهد الحقّ) وغيره من التحقيقات، ومفتي سوريا السيد مصطفى بن أحمد بن حسن الشَّطِّي الأثري الحنبلي مؤلف (النقول الشرعية في الرد على الوهابية)، والشيخ محمد الحامد الحموي النقشبندي مؤلف (ردود على أباطيل) وأستاذنا المحقق الدكتور محمد سعيد رمضان البوطي له مؤلّفات ومحاضرات ومواقف وفتاوى مشهودة في هذا الشأن.

ومن علماء اليمن: الحبيب علوي بن أحمد بن الحسن الحداد مؤلف كتابَ (مصباح الأنام في رد شبهات النجدي البدعي التي أضلّ بها العوامّ) المطبوع سنة ١٢١٦/ ١٨٠١ و(السيف الباتر لعنق المنكِر على الأكابر)، وغيره من علمائها. ومن علماء مصر العلّامة حجّة الإسلام يوسف الدِّجوي الأزهري له رسائل في دحض حجج (التيميين)، والإمام المجدّد الشيخ محمد زاهد الكوثري مؤلّف (المقالات) ومصنّفات وتحقيقات ومقدّمات أخرى كثيرة والعلّامة الشيخ سَلامَة العَزَّامي الأزهري مؤلف (البراهين الساطعة في رد بعض البدع الشائعة) طبع عام (١٣٦٦هـ) وقَدَّم له العلّامة الكوثري بمقدمة جليلة، والعلّامة الشيخ إبراهيم السَّمَّنودي المنصوري الأزهري وكتابه (سعادة الدارين في الرد على الفرقتين: الوهّابية ومقلِّدة الظاهرية). ومن علماء المغرب وإفريقية: عدد كبير

من الأجلّاء ذُكروا في كتاب (الرد على الوهّابيّة في القرن التاسع عشر: نصوص الغرب الإسلامي نموذجاً) طبع في دار الطليعة في بيروت سنة ٢٠٠٨ منهم العلاّمة المحقق شيخ الإسلام بتونس إسماعيل التميمي المالكي (ت١٢٤٨) مؤلف (الرد على ابن عبد الوهاب)، ومشايخ آل الكتّاني والغُماري المحدّثين صنّفوا في الرد على الوهابية وأرباب التكفير، وللشيخ محمد بن أحمد إسماعيل مسكة بن العتيق اليعقوبي الموريتاني المعاصر (فتاوى ابن تيمية في الميزان). ومن علماء العراق: شيخ الإسلام العلّامة داود بن سليمان البغدادي الحنفي الخالدي النقشبندي مؤلّف (المِنْحَة الوهْبيّة في ردّ الوهّابية) و(أشد الجهاد في إبطال دعوى الإجتهاد) الَّذي ألَّفه جواباً لطلب من بعض أهل الهند، وهو أكبر معارض للوهابية على الإطلاق في القرن التاسع عشر، وشاعرها الأعظم: الأديب جميل

صِدْقي الزَّهَاوي المخزومي ابن مفتي العراق ومؤلّف (الفجر الصادق في الردّ على منكري التوسل والكرامات والخوارق) نشره الشيخ هشام بالإنجليزية. <u>ومن علماء الهند:</u> العلامة الفقيه الأصولي فضل الرسول البدايوني (١٢١٣-١٢٨٩) صاحب (تصحيح المسائل في الرد على الفرقة النجدية الأراذل) و(المعتقد المنتقد) و(سيف الجبار) وتلميذه الإمام المجدد أحمد رضا خان البرلوي الّذي شملت ردوده مخالفات بعض أكابر الطائفة الديوبنديّة في حق جناب الله سبحانه وتعالى وفي حق الجناب النبوي ﷺ. اللهم أخرجنا من ظلمات الوهْم، وانفعنا ببركة العلم، واجعله حُجَّةً لنا لا علينا، وزيِّن أخلاقنا بالحلم، وتوفَّنا مسلمين وألحقنا بالصالحين.

ثم بلغت شهرة الشيخ هشام الذروة العليا وقفز القنطرة فصار يشار إليه بالبَنان وأصبح القاصي والداني كالقلب الواحد

قابلاً لتلقّي الإرشاد خاضعاً لقانون السلوك مشغوفاً بنظر الأولياء مستمطراً رحمة الله النازلة على يد عباده المُكْرَمين تحت لواء سلطانهم: سلطان الأولياء مولانا الشيخ محمد ناظم الحقاني قدس الله سره. والذي ندينه أن الشيخ هشام هو الدليل الرئيس على مولانا الشيخ ناظم وبابه الواسع المحتَّم، نَعَم الطُرُق إلى الله على عدد أنفاس الخلائق وليس لنا من الأمر شيء، هو ﴿مَالِكُ الْمُلْكِ﴾، ولكن الله عند ظنّ عبده، والشيخ هشام مَظِنّة خير عظيم لأمّة الحبيب، ومَظهر أنوار وإرشاد سلطان الأولياء مولانا الشيخ ناظم، ومثاله الأفخم وصِدّيقه الأعظم، كأنّه أصفاه واستخلصه لنفسه، فسمّاه مَكيناً وأميناً ﴿ وَقَالَ ٱلْمَلِكُ ٱئْتُونِى بِهِۦٓ أَسْتَخْلِصْهُ لِنَفْسِى ۖ فَلَمَّا كَلَّمَهُۥ قَالَ إِنَّكَ ٱلْيَوْمَ لَدَيْنَا مَكِينٌ أَمِينٌ ﴿٥٤﴾ ﴾ يوسف ١٢ :٥٤ وليس حامل السيف المأمور كالوزير العمدة الموكول، وليس

مُعْتَري الأحوال كمُعتَمِر المقامات، وليس حديث الأسنان سفيه الأحلام كالصاحب القديم المفوَّض بإبلاغ الأنام! فالشيخ هشام من كبار أصحاب مولانا المجرَّبين، وَصول موصول، وليس الأمر مجرّد رأي أو هوى أو تحليل والعياذ بالله من التقوّل على الله ورسوله ووليّه، ولكن هذا الذي عُلِّمْنَاه بالبراهين المقذوفة في السمع والبصر والقلب والإشارات الحقّانية وقد نكون مخطئين وإلا فأداءً لواجب الشكر والتحدّث بالنعم والمنافحة عن الحقّ.

فقد انبعث الحسد والشحناء والإفك وأتى بعض من تولَّى كِبَرَه بتهمة باطلة، وهي أن الشيخ هشام ساعٍ لدنيا يصيبها، ولسجادة يريدها لنفسه دون شيخه وسيّده، وأنه يطلب إسماً وجاهاً سوّلها له الشيطان، هذا مبلغ علمهم به، فهمّوا به ونسوا أنفسهم ﴿ ٱلْمُنَـٰفِقُونَ وَٱلْمُنَـٰفِقَـٰتُ بَعْضُهُم مِّنۢ بَعْضٍ ۚ يَأْمُرُونَ

بِٱلْمُنكَرِ وَيَنْهَوْنَ عَنِ ٱلْمَعْرُوفِ وَيَقْبِضُونَ أَيْدِيَهُمْ ۚ نَسُواْ ٱللَّهَ فَنَسِيَهُمْ ۗ إِنَّ ٱلْمُنَٰفِقِينَ هُمُ ٱلْفَٰسِقُونَ ﴿٦٧﴾ ﴾ التوبة ٩:٦٧ وقاسوه قياس أنفسهم الأمّارة بالسوء وهم يزكّوا أنفسهم، وافتروا عليه الأكاذيب وسفّهوه، ﴿ وَإِذَا قِيلَ لَهُمْ ءَامِنُواْ كَمَآ ءَامَنَ ٱلنَّاسُ قَالُوٓاْ أَنُؤْمِنُ كَمَآ ءَامَنَ ٱلسُّفَهَآءُ ۗ أَلَآ إِنَّهُمْ هُمُ ٱلسُّفَهَآءُ وَلَٰكِن لَّا يَعْلَمُونَ ﴿١٣﴾ ﴾ بالبقرة ٢: ١٣ ورموه بالبدعة بل بالنفاق بل بالرّدة فأباحوا دمه وجاوزوا الحدّ وحالفوا الخيانة والمكر، **والظلم ظلمات يوم القيامة** ﴿ وَيْلٌ لِّلْمُطَفِّفِينَ ﴿١﴾ ٱلَّذِينَ إِذَا ٱكْتَالُواْ عَلَى ٱلنَّاسِ يَسْتَوْفُونَ ﴿٢﴾ وَإِذَا كَالُوهُمْ أَو وَّزَنُوهُمْ يُخْسِرُونَ ﴿٣﴾ أَلَا يَظُنُّ أُوْلَٰٓئِكَ أَنَّهُم مَّبْعُوثُونَ ﴿٤﴾ لِيَوْمٍ عَظِيمٍ ﴿٥﴾ يَوْمَ يَقُومُ ٱلنَّاسُ لِرَبِّ ٱلْعَٰلَمِينَ ﴿٦﴾ ﴾ المطففين ٨٣ : ١-٦ فسقط عرشهم وعَمَت أعينهم، إذ هم مقهورون من تأييد مولانا الشيخ

ناظم للشيخ هشام الظاهري والمعنوي ومودّته له وقَبوله عليه ووَصْلِه له، يرون كل هذا رأي العين ﴿ فَإِنَّهَا لَا تَعْمَى ٱلْأَبْصَـٰرُ وَلَـٰكِن تَعْمَى ٱلْقُلُوبُ ٱلَّتِى فِى ٱلصُّدُورِ ﴿٤٦﴾ ﴾ الحج ٢٢ :٤٦ ﴿ أَفَمَن زُيِّنَ لَهُۥ سُوٓءُ عَمَلِهِۦ فَرَءَاهُ حَسَنًا ۖ فَإِنَّ ٱللَّهَ يُضِلُّ مَن يَشَآءُ وَيَهْدِى مَن يَشَآءُ ۖ فَلَا تَذْهَبْ نَفْسُكَ عَلَيْهِمْ حَسَرَٰتٍ ۚ إِنَّ ٱللَّهَ عَلِيمٌۢ بِمَا يَصْنَعُونَ ﴿٨﴾ ﴾ فاطر ٣٥ :٨. وهؤلاء المتمرّدون أسوء حالاً من المخالفين في المشرب والمذهب لأنهم أشعلوا الفتنة والتفرقة من الداخل، وقد ورد **أَزْهَدُ النَّاسِ فِي الأَنْبِيَاءِ وَأَشَدُّهُمْ عَلَيْهِمْ: الأَقْرَبُونَ**. وقد أوذي سيدي الشيخ هشام من بعض أقربائه إيذاءً عظيماً، وهذا القريب لعله أعلم الورى بحال الشيخ هشام مع الله وتسليميّته ومع ذلك تكلَّم فيه بما لا يليق وعامله معاملة العدو اللَّدود عَلَناً، بل جنّد ابنه لأكل لحم الشيخ هشام فهو عاقٍ له

ويعلمان أن العقوق من أكبر الكبائر، وباء في تهجّمه على عمّه على الإنترنات أمام ملايين الناس! فإن قيل لماذا لم يتكلّم مولانا الشيخ ناظم، ألم يرَ ويسمعْ ما يُقال ويُفعل بصاحبه؟ قلنا بلى يسمع ويرى ولكن حدثنا سيدي الشيخ هشام قال حدثنا سيدي مولانا الشيخ ناظم وسيدي مولانا الشيخ عبد الله الداغستاني قدّس الله أسرارهما: قال الأخير: **مثل الولي كالجبال والغابات، تجد فيها أنواع الوحوش المفترسة والدوابّ الأهلية ويأكل بعضها البعض الآخر، ويُرمى فيها القذورات فتحتمل الكل ولا تعترض.**

ومن تجبّر على الشيخ هشام أيضاً في أمريكا: رجلٌ عامّي ابتُلي بجهل مركّب وضرب من المرض النفسي وكِبْر وأنانية، وسوء الظن بأولياء الله وتوهُّم أنهم أهلُ غَفلة يُتلاعب ويُمكَر بأمثالهم بعدما كان يُظهر مُوَالاتَهم،

وبعضُ مَوَدّاتِ الرِّجال سَرابُ

﴿ فَقُتِلَ كَيْفَ قَدَّرَ ١٩ ثُمَّ قُتِلَ كَيْفَ قَدَّرَ ٢٠ ثُمَّ نَظَرَ ٢١ ثُمَّ عَبَسَ وَبَسَرَ ٢٢ ثُمَّ أَدْبَرَ وَٱسْتَكْبَرَ ٢٣ ﴾ المدّثر ٧٤ :١٩-٢٣ وهو مقيم في الغرب منذ زمن طويل، أدركته أيام عمله سائقاً للأُجرة في مدينة نيويورك، فلمّا رأى سوطة غيره في المشيخة وإقبال الخلق عليهم تمشيخ هو أيضاً وزاحمهم على الكرسي والعلوّ وجمع المال وطلب الجاه، فضخّم عمامته ولحيته وانتفخ حتى استخفّ الأكابر ﴿ قَالَ أَنَاْ خَيْرٌ مِّنْهُ ﴾ صۤ ٣٨ :٧٦ وعمل بقاعدة المفلَسين (خالِفْ تُعرَفْ) فصار أضحوكة، وهو مِهْذار، جَهْوَري، عَبوس، مُكْفَهِرّ، مستبدّ لا يقبل النصيحة بل يردّها ويسيء القول ويتبختر، ظُلماني، متشعوذ، ماجن، يزدري أهل العلم ليلاً نهاراً والدعاة والمشايخ والأولياء والعرب والعجم والمسلمين وغير المسلمين، فيه جاهلية

وخوارجية، يضنّ بردّ السلام، يهدد الناس بالجنّ فهذا من السحر وكفر، مثله مثل القصاص المسترزقين الذين حذّر عنهم العلماء لأنّهم نشّالون يختطفون العوامّ باسم تزكية النفس وقد قيل:

تَصَوَّفَ فازْدَهَى بالصُّـوفِ جَهْلاً * وَبَعْضُ النَّاسِ يَلْبَسُهُ مَجَانَـــهْ

يُرِيـــــدُ مَهَابَةً وَيُجِـــنُّ كِبْراً * وَلَيْسَ الْكِبْرُ مِنْ شَكْلِ المَهَابَــهْ

وهو حقيقة تسوّس لا تصوّف، فولّى نفسه على خليط من ضعفاء العقل والدين، منهم شرذومة غضوبة شرسة على مزاج إبليسهم، شهوتهم أذى الناس فاستباحوا السِباب والكذب والبهتان ويحسبون صنعهم إحساناً، وعدّوا جرأتهم على ارتكاب الكبائر شجاعة، واتخذوا إبليسهم دليلاً فيما هَوَت الأنفس وعدّوا مجالسته عين الكرامة وصفوة الدين، ونظروا إلى سواه كأنهم ذباب وأخذوا منه الأحكام الفاسدة ولا عنده قرآن ولا حديث ولا لغة ولا عقيدة ولا

فقه ولا مخارج الحروف ولا جلس للتعلّم ساعة من حياته، وناصروه على الغَيّ والتواكل وشق العصا، وأسسوا زاوية مناوئة في أمريكا كأصحاب مسجد ضِرار ﴿ لَّمَسۡجِدٌ أُسِّسَ عَلَى ٱلتَّقۡوَىٰ مِنۡ أَوَّلِ يَوۡمٍ أَحَقُّ أَن تَقُومَ فِيهِ ﴾ التوبة ٩ :١٠٨. فضلّوا وأضلّوا وتعاونوا على الإثم والعدوان في مواقع الإنترنات، حتى أوصله عَمَى قلبه إلى جناية التمرّد التامّ على الشيخ هشام والجهر به والوقيعة في عِرضه والاستهزاء به والتعدي عليه وعلى أهل بيته، ويحرّض عليه شياطينه فصار أبا لهب ثانٍ وصاحِبته أم لهب فتبّاً لهم، ﴿ قَـٰتَلَهُمُ ٱللَّهُۖ أَنَّىٰ يُؤۡفَكُونَ ﴾ المنافقون ٦٣ :٤ ويتوهمون أنه من أمر مولانا الشيخ ناظم وبتفويضه وعنايته! نعوذ بالله من الاستدراج والغرور. أمّا ما يُصيبهم من الذلّ والعقوبة فلا يحتسبونه بل يقول كبيرهم بملء فيه: لم يأت النبي بامتحان الناس وأنا لا أقبلُ هذا

الإمتحان ممن هو مثلي أو دوني، وأنا لست مُلزَماً بطاعة الشيخ هشام لأني بلغت درجة من يفقه ويميّز الصواب من الخطأ. كذا يقول فتكْثُر طامّاته ويتمطّى بعُجْبه وهو في خِذْلان من أمره، ﴿ كَلَّا ۖ بَلْ ۜ رَانَ عَلَىٰ قُلُوبِهِم مَّا كَانُوا۟ يَكْسِبُونَ ﴿١٤﴾ ﴾ المطففين ٨٣ :١٤ ﴿ أَفَمَن زُيِّنَ لَهُۥ سُوٓءُ عَمَلِهِۦ فَرَءَاهُ حَسَنًا ۖ فَإِنَّ ٱللَّهَ يُضِلُّ مَن يَشَآءُ وَيَهْدِى مَن يَشَآءُ ۖ فَلَا تَذْهَبْ نَفْسُكَ عَلَيْهِمْ حَسَرَٰتٍ ۚ إِنَّ ٱللَّهَ عَلِيمٌۢ بِمَا يَصْنَعُونَ ﴿٨﴾ ﴾ فاطر ٣٥ :٨ ولم يدْرِ المسكين ما يعلمه صغار المبتدئين: أن آداب الطريقة النقشبندية العلية تقتضي لزوم الاتّعاظ من كل شيء ولو من طفل، أو دابّة، أو نملة، أو ورقة شجر، أو ظل عود، وأن المريد مأمور باعتبار نفسه شراً من فرعون ونمرود، وباعتبار كل شخص يقع عليه بصره خيراً منه بكثير عند الله وأن يخاف مكر الله كما عَلَّمَنا الصدّيق الأكبر رضي الله عنه وكما قال عن

نفسه الإمام أحمد الغزالي أخو حجة الإسلام يتواضع: كيف يستقيم ظل العود المعوجّ؟ والطريق كلّه آداب وكلّه امتحانات. وبلغ الأمر إلى أن جنّدوا أولادهم وصبيانهم وكل سافل شارد لإيذاء الشيخ هشام كما فعلت ثقيف بحضرة الرسالة ﷺ، وهو يحتملهم ويتنازل لهم غاية التنازل مع كونهم أمامه كالقط بين يدي الأسد، فهو من رجال الله والقائم—بلام التعريف—بأمر سلطاننا ومولانا الشيخ، وهم رَعاع لا غوث لهم في الأصول والفروع فضلاً عن الحقائق والسلوك، فأصبحوا عن خواص إمدادات مولانا الواصلة إلى الشيخ هشام محجوبين، وعن فوائد وجواهر صحبته محرومين، فتركوا الولي وذهبوا إلى النصّاب، واستغنَوا بقُطَيرات المجانين عن البحر المديد ﴿ وَأَلَّوِ ٱسْتَقَـٰمُواْ عَلَى ٱلطَّرِيقَةِ لَأَسْقَيْنَـٰهُم مَّآءً غَدَقًا ﴿١٦﴾ ﴾ الجن ٧٢ :١٦. فعوملوا بحكم **جَنِّبوا صبيانكم ومجانينكم**

المساجدَ، وبفرمان **من آذى لي ولياً آذنْتُه بالحرب**، وبدستور ﴿ إِنَّكُمْ لَفِى قَوْلٍ مُّخْتَلِفٍ۝٨ يُؤْفَكُ عَنْهُ مَنْ أُفِكَ۝٩ ﴾ الذاريات ٥١ : ٨-٩ وبحكمة قول (إذا أراد الله إبعاد عبد أشغله بالوقيعة في أوليائه) والعياذ بالله تعالى. ربّنا تولّنا فيمن تولّيت وقنا واصرف عنا شرّ ما قضيت، إنّه لا يذلّ من واليت، ولا يعزّ من عاديت، نستغفرك ونتوب إليك.

والشيخ هشام حليم، عفُوّ، صفوح، رؤوف رحيم، مَثَلُه **بشّروا ولا تنفّروا، يسّروا ولا تعسّروا**، حلاّه المولى الكريم بحِلْم وعلم وجَلَد وصلابة وثبات على الحق لا يُبارَى فيها. لذا قال فيه مولانا الشيخ ناظم (الشيخ هشام أكثر تمكيناً) وقال فيه أيضاً: (انتقل سيدي الشيخ عبدالله الداغستاني وهو راضٍ عنه). ومن علامات هذا التمكين القَبول والمحبة التي كتبها الله له بعد مولانا

الشيخ ناظم في قلوب العباد وعلى ألسنتهم في الآفاق وبشهادة رسول الله ﷺ في صحيح مسلم إذ قال: **إن الله إذا أحب عبداً دعا جبريل فقال إني أحب فلاناً فأَحبَّه. قال: فيحبُّه جبريل، ثم ينادي في السماء فيقول: إن الله يحب فلاناً فأَحِبُّوه. فيُحِبّه أهل السماء. قال: ثم يوضَع له القَبولُ في الأرض. وإذا أبغض عبداً دعا جبريل عليه السلام فيقول: إني أُبغِض فلاناً فأَبْغِضْه. قال: فيبغضه جبريل، ثم ينادي في أهل السماء: إن الله يبغض فلاناً فأبغضوه. ثم توضع له البَغْضاء في الأرض.** ومن صريح علامات هذا التمكين أيضاً: قول مولانا الشيخ ناظم على رؤوس معاشر النقشبنديين في أمريكا الشمالية بلسان الزجر: (الشيخ هشام ليس بحاجة إلى أي أحد منكم قط، أنا أكفيه عنكم). ﴿ فَإِنْ ءَامَنُواْ بِمِثْلِ مَآ ءَامَنتُم بِهِۦ فَقَدِ ٱهْتَدَواْ ۖ وَّإِن تَوَلَّوْاْ فَإِنَّمَا هُمْ فِى شِقَاقٍ ۖ فَسَيَكْفِيكَهُمُ ٱللَّهُ ۚ وَهُوَ

ٱلسَّمِيعُ ٱلْعَلِيمُ ﴿١٣٧﴾ ﴾ البقرة ٢ :١٣٧ فهو أغنى وأنبل من أن يحتاج إلى مناصرة أو دفاع، لكن كما أشرنا: **من كتم علماً عنده ألجمه الله يوم القيامة بلجام من نار، ولا يشكر الله من لا يشكر الناس،** ورجاءً لحسن ثواب وحرز عياذ **من حمى مؤمناً من منافق، بعث الله ملكاً يحمي لحمه يوم القيامة من نار جهنم، ومن قفا مؤمناً بشيء يريد شَيْنَه، حبسه الله على جسر جهنم حتى يخرج مما قال.** وعن الصدّيق الأكبر سيّدنا أبي بكر رضي الله عنه وأرضاه: (**ثلاثٌ من كُنَّ فيه كُنَّ عليه: البَغْيُ، والنَّكْثُ، والمَكْر**). اللهم لا تجعلنا مع القوم الغافلين الذين غرّهم بالله الغرور ولا مع ﴿ ٱلَّذِينَ بَدَّلُواْ نِعْمَتَ ٱللَّهِ كُفْرًا وَأَحَلُّواْ قَوْمَهُمْ دَارَ ٱلْبَوَارِ ﴿٢٨﴾ ﴾ إبراهيم ١٤ : ٢٨ ولكن ثبّتنا على الحق والإيمان والاستقامة والإطاعة والإتّباع واجعلنا مع الصادقين ممن نصروا الحقّ ورسولَك الكريم وورثته

على التحقيق ﴿ وَمَا بَدَّلُواْ تَبۡدِيلاً ﴾ الأحزاب ٣٣ :٢٣ حتى تتوفانا سالمين مسلمين مسلّمين وارزقنا الشهادة في سبيلك بجاه الحبيب الأعظم ﷺ وآله وصحبه وكرّم.

الرواية عن المشايخ النقشبنديين

حدّثنا سيدي الشيخ محمد هشام قباني حفظه الله تعالى، قال:

حدثنا سيدي سلطان الأولياء الشيخ محمد ناظم الحقاني عن سيدي سلطان الأولياء مولانا الشيخ عبدالله فائز بن الحاج حسين بن الحاج عبد الله الداغستاني (١٢٩٤-١٣٩٣) قدس الله أسرارهما؛

(ح) قال الشيخ هشام وحدثنا مولانا الشيخ عبدالله كذلك:

عن سيدنا الشيخ شرف الدين زين العابدين الداغستاني الرَّشادي (ت ١٣٥٤) عن خاله الشيخ أبي محمد المدني الداغستاني الرَّشادي القادري (ت ؟)، عن الشيخ أبي محمد أبي أحمد حاج عبد الرحمن أفندي الداغستاني الثُّغُوري (ت ١٢٩٩) عن الشيخ السيد جمال الدين أفندي الغازي الغُموقي الحسيني القادري (ت ١٢٩٢) - وكان يذكر جهراً - كلاهما عن الشيخ محمد أفندي بن إسحاق

اليَراغي الكَورالي (ت ١٢٦٠) عن خاص محمد أفندي الشِّرْواني الداغستاني (ت ١٢٥٤) كلاهما عن الشيخ ضياء الدين إسماعيل أفندي ذبيح الله القَفْقازي الشِّرْواني الكُرْدامِيري الداغستاني (ت ؟) عن الشيخ إسماعيل الأناراني (ت ١٢٤٢) كلاهما عن مولانا الشيخ ضياء الدين خالد ذي الجَناحين أحمد بن حسين الشَّهْرَزوري السُلَيماني البغدادي ثم الدمشقي النقشبندي العثماني (١١٩٠ أو ١١٩٣-١٢٤٢) بإسناده المشهور في كتب السادة النقشبندية إلى غوث الأنام مولانا الشيخ محمد بهاء الدين بن محمد الأويسي البخاري الشهير بشاه نقشبند (٧١٠-٧٩١) قال: **طَرِيقَتُنَا الصُّحْبَةُ وَالخَيْرُ بِالجَمْعِيَّةِ**. وهذا القول من مشكاة الحديث الشريف المذكور آنفاً: **الدِّينُ: النَّصِيحَةُ**.

﴿ وهذه الاستغاثة الكبرى بسيّد الورى ﷺ ﴾

﴿ والتوسّل بسلسلة مشايخ الطريقة العليّة ﴾

قدس الله تعالى أرواحهم الزكيّة

يا سيّدَ السادات ويا نورَ الموجودات، يا من هو الملجأُ لمن مَسَّهُ ضَيْمٌ وغَمٌّ وأَلَمٌ، يا أقربَ الوسائل إلى الله وأقوى المستند، أتوسّلُ إلى جنابك الأعظمِ بهؤلاء السادات، وأهْلِ الله وأهل بيتِك الكرام لدَفْعِ ضُرٍّ لا يُدفَعُ إلا بواسطَتِك، ورَفْعِ ضَيْمٍ لا يُرفَعُ إلا بدَلالتِك، بسيدي ومولاي، يا سيدي يا رسول الله، يا رحمةً للعالمين!

نبي ﷺ

صديق

سلمان

قاسم

جعفر

طيفور

أبو الحسن

أبو علي

يوسف

أبو العباس

عبد الخالق

عارف

محمود

علي

محمد بابا السَّماسي

سيد أمير كُلالي

خواجا بهاء الدين نقشبند

علاء الدين

يعقوب

عبيد الله

محمد زاهد

درويش محمد

خواجا الأمْكَنكي

محمد الباقي

أحمد الفاروقي

محمد المعصوم

سيف الدين

نور محمد

حبيب الله

عبد الله

الشيخ خالد

الشيخ إسماعيل

خاص محمد

الشيخ محمد أفندي اليَراغي

سيد جمال الدين الغُمُوقي الحسيني

أبو أحمد الثُغُوري

أبو محمد المدني

سيدنا الشيخ شرف الدين الداغستاني

سيدنا ومولانا سلطان الأوليا سيدنا الشيخ عبدالله فائز الداغستاني

سيدنا ومولانا سلطان الأوليا الشيخ محمد ناظم الحقاني

شَهامة الفَرداني، يوسف الصّدّيق، عبد الرؤوف اليماني، إمام العارفين أمان الحق، لسان المتكلمين عون الله السخاوي، عارف الطيار المعروف بمَلْحان، برهان الكرماء غوث الأنام، يا صاحب

الزمان (سيدنا محمد المهدي)، يا صاحب العُنْصُر (سيدنا الخضر)، يا سيدنا جبريل، يا ميكائيل، يا إسرافيل، يا عزرائيل، يا سيدنا طبيب القلوب، يا سيدنا رضوان وسيدنا مالك، يا سيدنا أنكر ونكير، يا سيدنا عيسى، يا ١٢٤٠٠٠ أنبياء ومرسلين، يا أبا أيوب الأنصاري وأويس القَرَني، يا سيدَنا أبا بكرٍ الصدِّيق ثم عمر ثم عثمان ثم علي، يا سيّدنا حمزة، يا فاطمة الزهراء، يا حسن يا حسين، يا سيدي الشيخ عبد القادر الجيلاني، يا سيدي الشيخ محيي الدين ابن عربي، يا بُدَلاء، يا نُجَباء، يا نُقَباء، يا أوتاد، يا أخيار، يا أقطاب، يا أهل الأربعين، يا أهل النوبة، يا أهل بيت النبي ﷺ، يا أهل ديوان رسول الله ﷺ، يا أهل حضرة الله عز وجل، يا أئمة الأربعة، يا أولياء الله، يا شهداء، يا رجال الله، أعينونا بعون الله وكونوا عوناً لنا بالله، عسى نَحْظَى بفضل الله؛ أعلى الله تعالى درجاتهم دائماً، ونوَّر

الله تعالى أضْرِحتَهم المباركة وأمَدَّنا بمددهم ونفعنا ببركات أنفاسهم القدسية، وأفاض عليهم وعلى جيرانهم وعلينا من بركات أسرار سورة الفاتحة.

وإليك أخي القارئ الكريم هذه الصفحات النيّرة الحاوية لنزر يسير من بعض حقائق التفسير ونفائس الإرشاد مما ألقاه الشيخ هشام عفوياً في سفرته المذكورة والتي تشرّفنا بسماعها بصحبته الشريفة وببركة مولانا الشيخ ناظم قدّس سرّه، ونال بركاتها الجمُّ الغفير من الحبائب والعلماء وطلبة العلم الشريف في (نوصَانترة) إندونيسيا—وأُخبِرنا أن معنى هذا اللفظ (روضة من رياض الجنّة)—فقالوا: ما سمعنا مثل هذا العلم الباهر ونشكره على ما فتح علينا وتجلّى من معاني رائعة للآيات والأحاديث لم نعهدْها قبل. والله تعالى مقصودنا ورضاه مطلوبنا، لا إله إلا هو، وصلى الله على سيدنا

محمد وآله وصحبه وسلم تسليماً والحمد لله ربّ العالمين أولاً وأخيراً ظاهراً وباطناً.

وكتب
أحقر الورى خادم نعال الأعتاب
جبريل فؤاد حداد في بروني دارالسلام
غرة رجب الأصم ١٤٣١ الموافق ايونيو ٢٠١٠

قال الإمام أحمد بن حنبل عن الإمام الحارث المُحاسِبي رضي الله عنهما ومريديه: ما أعلم أني رأيت مثل هؤلاء القوم، ولا سمعت في علم الحقائق مثل كلام هذا.

وسيلة الأولياء إلى باب الحضرة النبويّة بتعظيم الآيات الرحمانيّة والصلاة على الذات المصطفويّة

صحبة الشيخ هشام التي ألقاها أمام طلّاب مدرسة دار الإصلاح في جاكارتا ومديرها الأستاذ أمير حمزة ليلة الجمعة ٧ جمادى الثاني الموافق ٢٠ مايو ومعها بعض ما قاله سيادة الشيخ في صحبته التي ألقاها أمام طلاب مدرسة الفلاح في باندونغ جاوا الغربية ومديرها القارئ أحمد شهيد ٢١ جمادى الأول ١٤٣١ الموافق ١٣ مايو ٢٠١٠

[وجوب تعظيم النبي المصطفى ﷺ]

بسم الله الرحمن الرحيم والصلاة والسلام على أشرف المرسلين سيدنا ونبينا محمد وعلى آله وصحبه أجمعين. كما قال الحبيب إن شاء الله سنبقى إلى الصباح أو إلى منتصف الليل... على محبة النبي لا

مانع، ما الذي يمنع؟ أن نبقى واقفين ليلاً نهاراً مدى أربع وعشرين ساعة على سبعة أيّام مدى السنين من عهد آدم عليه السلام إلى يوم القيامة: لا نفي بحق النبي ﷺ.

قال الله تعالى في كتابه الكريم ﴿ وَلَسَوْفَ يُعْطِيكَ رَبُّكَ فَتَرْضَىٰٓ ۝٥ ﴾ الضحى ٩٣:٥ أي: يا محمد ﷺ، إن الله عز وجل سيكرمك بكرم لا حد ولا انتهاء له. أنت اطلبْ والله المعطي. ولن يتوقف لحظةً من اللحظات من العطاء لك يا محمد! ﴿ وَلَسَوْفَ يُعْطِيكَ رَبُّكَ ﴾ الرب عندما يُعطي لا يمنع بل يعطي بحسب كرمه، وهو أكرم الأكرمين. فالعطاء بمعنى أكرم الأكرمين. فبما أن أكرم الأكرمين هو الخالق ولا حدود له، كذلك عطاؤه للنبي ﷺ لا حدود له. ولذلك يجب علينا أن نستخلص أن النبي ﷺ لن يصل أحد إلى معرفة مقاماته ومعرفة ما أعطاه الله في الدنيا وفي الآخرة.

هذا مخصص فقط للنبي ﷺ ولا شريك له في عبوديّته ولا شريك له فيما أعطاه الله.

[تَلَقِّي الواردات في القلب وتلْقينها للحاضرين في الصُّحبة]

لا تنظروا إليّ بل انظروا إلى من هو أعلى مني ومنكم ﴿ وَفَوْقَ كُلِّ ذِى عِلْمٍ عَلِيمٌ ﴾ يوسف ١٢: ٧٦. نحن ربما نكون على الأعتاب واقفين وسائلين ومستَجْدين العطاء من النبي ﷺ ومن الأولياء. ولذلك كما أشار الأستاذ أمير حمزة (المضيف) والحبيب نوفل (المترجم)—نحن أيضا على أعتابهم وأعتاب محبّي النبي ﷺ—ما يأتي من الواردات على قلبي، أنا أنقله لكم ولست إلا ناقلاً، لم أعدَّ شيئاً ولم أستعدَّ لشيء، وإنما أنا ناقل ما يأتي إلى قلبي من

شيخي الشيخ محمّد ناظم الحقّاني قدّس الله سرّه. هذه الواردات ترد على قلب كل واحد منّا فلا فضل لواحد على الآخر.

[لا يفي أحد بوصف النبي ﷺ في مقامات القرب من الله تعالى]

كم كتبوا من الكتب (مشيراً إلى كتاب سمط الدرر في المديح والشمائل للقطب الحبيب علي الحبْشي) وكم مدحوا النبي ﷺ في قصائد لا حدّ لها ولا انتهاء! ولكنّنا—هم ونحن—ما نقوله لا يأتي كنقطة في بحر. **لا يمكن لأحد أن يصف النبي ﷺ في مقامات القرب من الحضرة الإلهية**. كل ما كُتِب هو نقطة من ذاك البحر. وذاك البحر لا قعر له ولا انتهاء.

[التعظيم اللانهائي في آية ﴿إِنَّ ٱللَّهَ وَمَلَٰٓئِكَتَهُۥ يُصَلُّونَ عَلَى ٱلنَّبِيِّۚ﴾]

فقال الله عز وجل في كتابه الكريم ﴿ إِنَّ ٱللَّهَ وَمَلَٰٓئِكَتَهُۥ يُصَلُّونَ عَلَى ٱلنَّبِيِّ ﴾ الأحزاب ٣٣ :٥٦ كم عدد الملائكة الذين يصلون على النبي ﷺ؟ إذا كان هنالك عدد! قال الله ﴿إِنَّ ٱللَّهَ وَمَلَٰٓئِكَتَهُۥ ﴾ إي جميع الملائكة. لم يحدّد عدداً. والله يقول في القرآن الكريم ﴿ وَكُلُّ شَيْءٍ عِندَهُۥ بِمِقْدَارٍ ﴾ الرعد ٨:١٣ أي بعدد. أمّا عدد الملائكة الذين يصلّون على النبي لم يحدّدْهم. فكم وكم من الملائكة الذين لا يمكن حصرهم بإي عدٍّ؟ ولو قلنا:

.... ١٠

أي في لغة الحساب عشرة إلى قوة ألف ألف ألف الخ، أي عدد لا يمكن قراءته: كذلك لا يمكن حصر الملائكة الذين في كل لحظة هم يصلّون على النبي. وصلاتهم ليست كصلاتنا! صلاتهم بلغة مختلفة من ملك إلى ملك. لا يمكن لذاك الملك أن يصلّي على النبي

بنفس ما صلّى على النبي الملك الأوّل. وكل ملك يصلّي على النبي بصيغة أخرى. والصلاة هي ليست فقط المدح، بل هي العطاء. وهي الكرم الإلهي. أي يخصصون النبي ﷺ بكرم إلهي لا يمكن لأحد فهمه ولا يمكن لأحد حصره.

[عظمة الله عز وجل تقضي عظمة النبي ﷺ]

عظمة الله لا يمكن تقديرها. والعظمة تقضي العظمة. ولا تفسَّر إلا بعظمة أكبر منها. فعظمة الله تقضى بأن الله الخالق—هو خلّاق وخالق في كل لحظة من اللحظات فخلقه لا يقف، وما خَلَقَ من الملائكة في اللحظة السابقة يخلق من الملائكة في اللحظة الثانية أكثر مما خلق في اللحظة الأولى بالنسبة إلى عظمته. وفي اللحظة الثالثة يخلق أضعاف مضاعفة ما خلق في اللحظة الأولى وفي الثانية. وكل

ذلك يُعتبَر من خلق الملائكة، وهم داخلون تحت خطاب الله عز وجل ﴿ إِنَّ ٱللَّهَ وَمَلَٰٓئِكَتَهُۥ يُصَلُّونَ عَلَى ٱلنَّبِيِّ ﴾ أي الملائكة الذين يخلقهم الله في كل لحظة ولا يمكن حصرهم، هم ينضمون إلى الملائكة الأوائل في مدح النبي ﷺ بعطاءات لا يمكن حصرها ولا يمكن تقديرها، لا لولي ولا لنبي ولا لملك مقرّب. لا يمكن معرفتها إلا من الله عز وجل. والله عز وجل لا يعرّفها إلا للنبي ﷺ. (قال بعض الحاضرين: لا يعرف سيّدَنا محمداً إلا ربُّ سيّدِنا محمد ﷺ.)

[معنى يُحشر المرء مع من أحب]

كلّكم أحباب النبي ﷺ و(المرء مع من أحبّ) متفق عليه. أي يُحشر المرء مع من أحب. وما معنى يُحْشَرُ؟ لها معاني كثيرة، أحدها: في تفسير الآية ﴿ إِنَّ ٱللَّهَ وَمَلَٰٓئِكَتَهُۥ يُصَلُّونَ عَلَى ٱلنَّبِيِّ يَٰٓأَيُّهَا

ٱلَّذِينَ ءَامَنُواْ صَلُّواْ عَلَيۡهِ وَسَلِّمُواْ تَسۡلِيمًا ﴿٥٦﴾ الأحزاب ٣٣
:٥٦ أي: يا أحباب النبي ﷺ الذين قلوبهم مَلْئَى بحب النبي ﷺ
وهم دائماً في الصلوات عليه، صلّوا عليه وأكثروا! و(يُحشَرُ) أي
سوف يُعْطَى من العطاءات التي حصل عليها النبي ﷺ. فهو من
عطاءاته أن يُكرِم عباد الله ويُعطيهم مما أعطاه الله. والصلاة على
النبي ﷺ ليست مدحاً فقط ولكن هي عطاءٌ مأجور من النبي ﷺ إذ
هو يشارك أمّتَه فيما أعطاه الله. لذا لما عَلِم سيّدُنا أبو بكر الصدّيق
رضي الله تعالى عنه وأرضاه هذا، أنشد يقول: (أين موسى... أين
عيسى... أنت يا صدّيق عاصي! تُبْ إلى المولى الجليل.) آلصدّيق
عاصي؟ لكن عدّ نفسه، إن لم يُعطِ حقَّ النبي ﷺ كما ورد في هذه
الآية، فهو عاصٍ. لذلك قال: أنّى لي أن أَفِيَ بمقام موسى أم مقام
عيسى عليهما السلام؟ أي النبي ﷺ فوق كل هذه المقامات، وأنت

يا صديق، أنت يا حبيب النبي، أنت يا صاحب النبي، ﴿ ثَانِيَ ٱثۡنَيۡنِ إِذۡ هُمَا فِي ٱلۡغَارِ إِذۡ يَقُولُ لِصَٰحِبِهِۦ لَا تَحۡزَنۡ إِنَّ ٱللَّهَ مَعَنَاۖ ﴾ التوبة ٩ :٤٠. أي يا أبا بكر، العطاءات التي حصّلتُها وأعطانيها الله عز وجل، سأشاركك فيها وأمّتي إلى يوم القيامة. قال عز وجل ﴿ وَلَسَوۡفَ يُعۡطِيكَ رَبُّكَ فَتَرۡضَىٰٓ ۝٥ ﴾ الضحى ٩٣ :٥ أي بمعنى يا محمد، سأُعطيك وأُعطيك، وأنا أعلم أنّك لن ترضى ولن أجعلك ترضى حتى أعطيك المزيد بلا انتهاء. ثم قال تعالى ﴿ أَلَمۡ يَجِدۡكَ يَتِيمٗا فَـَٔاوَىٰ ۝٦ ﴾ الضحى ٩٣ :٦ ﴿ يَتِيمٗا ﴾ هو الّذي يحتاج إلى ربّه عز وجل فمن حيث أنّه وجده محتاجاً إلى معرفة الله سبحان وتعالى، خصّه بذاك المأوى كأنّه قال يا محمد وجدتُك محبّاً لي والحبيب مع المحبوب وفي جوار المحبوب، فآويتُك في مقامات القُدْسيّة والقُرْبيّة منّي، في جواري، في مقام ﴿ فَكَانَ قَابَ قَوۡسَيۡنِ أَوۡ

أَدۡنَىٰ ۝٩ ﴾ النجم ٥٣ :٩. حتى يجعله الله عز وجل مأوىً لكل محتاج إلى الله، الذي أرسل النبيَّ ﷺ نوراً لجميع بني آدم ﴿ قَدۡ جَآءَكُم مِّنَ ٱللَّهِ نُورٞ وَكِتَٰبٞ مُّبِينٞ ۝١٥ ﴾ المائدة ٥ :١٥. فسأُعطي هذا اليتيم المحتاج إلى النور، نوراً يأويكم وينجّيكم به يومَ القيامة بشفاعته فأُعطيته ذاك النور في قلبه والقرآن المجيد.

ثم جاء في حديث الإمامين الترمذي والدارمي المشهور عن ابن عباس رضي الله عنهما مرفوعاً: **أَلاَ وَأَنَا حَبِيبُ اللهِ وَلاَ فَخْرَ وَأَنَا حَامِلُ لِوَاءِ الحَمْدِ يَوْمَ الْقِيَامَةِ وَلاَ فَخْرَ** وعند الدارمي أيضاً بسند آخر مرسل **نَحْنُ الآخِرُونَ وَنَحْنُ السَّابِقُونَ يَوْمَ الْقِيَامَةِ، وَإِنِّي قَائِلٌ قَوْلاً غَيْرَ فَخْرٍ: إِبْرَاهِيُم خَلِيلُ اللهِ وَمُوسَى صَفِيُّ اللهِ وَأَنَا حَبِيبُ اللهِ وَمَعِي لِوَاءُ الحَمْدِ يَوْمَ الْقِيَامَةِ.** وفي حديث المعراج الطويل عن أبي هريرة رضي الله عنه: **قَدِ اتَّخَذْتُكَ خَلِيلاً وَهُوَ**

مكتوبٌ في التوراةِ مُحَمَّدٌ حَبِيبُ الرَّحْمَنِ وَأَرْسَلْتُكَ إِلَى النَّاسِ كَافَّةً وَجَعَلْتُ أُمَّتَكَ هُمُ الأَوَّلُونَ وَهُمُ الآخِرُون. الحديث، [قال في مجمع الزوائد: رواه البزار ورجاله مُوَثَّقون إلا أن الربيع بن أنس قال (عن أبي العالية أو غيره) فتابعيُّه مجهول. وهو كذلك عند ابن أبي حاتم في التفسير. لكن أثبته الطبري في تهذيب الآثار والبيهقي في دلائل النبوّة دون تشكيك.]

وعن أبي هريرة أيضاً مرفوعاً: **اتَّخَذَ اللهُ إِبْرَاهِيْمَ خَلِيلاً وَمُوسَى نَجِيًّا واتَّخَذَنِي حَبِيْباً، ثُمَ قَالَ: وَعِزَّتِي لَأُوثِرَنَّ حَبِيْبِي عَلَى خَلِيْلِي ونَجِيِّي** [ذكره ابن الجوزي في الوفا] وفي حديث شق الصدر الشريف: **ثُمَّ قَامُوا**—أي الملائكة—**إِلَيَّ فَضَمُّونِي إِلَى صُدُورِهِمْ، وَقَبَّلُوا رَأْسِي وَمَا بَيْنَ عَيْنَيَّ، ثُمَّ قَالُوا : يَا حَبِيبُ، لَمْ تُرَعْ إِنَّكَ لَوْ تَدْرِي مَا يُرَادُ بِكَ مِنَ الخَيْرِ لَقَرَّتْ عَيْنُكَ**—فسمَّوه حبيباً، أي

حبيبَ الله، وحبيب الملائكة، وحبيب المؤمنين من أهل الأرض كما سيأتي—قَالَ: فَبَيْنَمَا نَحْنُ كَذَلِكَ إِذْ أَقْبَلَ الْحَيُّ بِحَذَافِيرِهِمْ وَإِذَا ظِئْرِي أَمَامَ الحَيِّ تَهْتِفُ بِأَعْلَى صَوتِهَا وَهِيَ تَقُولُ: يَا ضَعِيفَاهُ، قَالَ: فَأَكَبُّوا عَلَيَّ يُقَبِّلُونِي، وَيَقُولُونَ: يَا حَبَّذَا أَنْتَ مِنْ ضَعِيفٍ! ثُمَّ قَالَتْ: يَا وَحِيدَاهُ، قَالَ: فَأَكَبُّوا عَلَيَّ، وَضَمُّونِي إِلَى صُدُورِهِمْ وَقَالُوا: يَا حَبَّذَا أَنْتَ مِنْ وَحِيدٍ، مَا أَنْتَ بِوَحِيدٍ! إِنَّ اللهَ مَعَكَ وَمَلاَئِكَتَهُ وَالمُؤْمِنِينَ مِنْ أَهلِ الأَرْضِ! ثُمَّ قَالَتْ: يَا يَتِيمَاهُ اسْتُضْعِفْتَ مِنْ بَيْنِ أَصْحَابِكَ فَقُتِلْتَ لِضَعْفِكَ، فَأَكَبُّوا عَلَيَّ وَضَمُّونِي إِلَى صُدُورِهِمْ، وقَبَّلُوا رَأْسِي، وَقَالُوا: يَا حَبَّذَا أَنْتَ مِنْ يَتِيمٍ! مَا أَكْرَمَكَ عَلَى اللهِ! لَوْ تَعْلَمُ مَاذَا يُرَادُ بِكَ مِنَ الخَيْرِ! قَالَ: فَوَصَلُوا إِلَى شَفِيرِ الْوَادِي فَلَمَّا بَصُرَتْ بِي ظِئْرِي، قَالَتْ: يَا بُنَيَّ، أَلاَ أَرَاكَ حَيًّا بَعْدُ، فَجَاءَتْ حَتَّى أَكَبَّتْ عَلَيَّ فَضَمَّتْنِي إِلَى

صَدْرِهَا، فَوَالَّذِي نَفْسِي بِيَدِهِ إِنِّي لَفِي حِجْرِهَا قَدْ ضَمَّتْنِي إِلَيْهَا، وَإِنَّ يَدِي لَفِي يَدِ بَعْضِهِمْ، وَظَنَنْتُ أَنَّ الْقَوْمَ يُبْصِرُونَهُمْ، فَإِذَا هُمْ لاَ يُبْصِرُونَهُمْ رواه أبو يعلى المَوصِلي وأبو نعيم في دلائل النبوة وابن عساكر. وكان الإمام مسروق من كبار أئمة التابعين رضي الله تعالى عنهم يقول: (حدّثتني الصِّدِّيقةُ بنت الصّدّيق، حبيبةُ حبيبِ الله المُبَرَّأَةُ). وأنشد القاضي عياض:

هَذَا الَّذِي وَخَذَتْ شَوْقًا لَهُ الْإِبِلُ * هَذَا الحَبِيبُ الَّذِي مَا مِنْهُ لِي بَدَلُ

هَذَا الَّذي مَا رَأَتْ عَينٌ وَلَا سَمِعَتْ * أُذْنٌ بِأَكْرَمَ مِنْ كَفِّهِ إِنْ سَأَلُوا

وفي بردة المديح:

هُوَ الحَبِيبُ الَّذِي تُرْجَى شَفَاعَتُهُ

لِكُلِّ هَوْلٍ مِنَ الْأَهْوَالِ مُقْتَحِمِ

فالحبيب هو واحد. الله عز وجل الخالق: واحد، والنبي ﷺ في العبوديّة: واحد. ولك أن تقول اللهُ حبيبُ محمّدٍ ومحمّدٌ حبيبُ الله. ولكن لا يجوز القول: الله خليل إبراهيم؛ بل يجوز: إبراهيم خليل الله. أما الحبيب فهو من الجهتين حبيب. وأما الخليل فهو من جهة واحدة خليل. ثم يا أحباب النبي، هل تظنّون أن النبي ﷺ سيترك أمّته جانباً، وهو في الجانب الآخر، وهو يقول من حيث ما كان نبيّاً: (أُمّتي أُمّتي)؟ بل سنكون مع النبي ﷺ، فصلّوا على النبيّ ﷺ وأكثروا! فهذا معنى يُحشر المرء مع من أحب.

[مقامات مشاهدة النبي ﷺ والتوسّل بالأولياء في التشهّد]

والأولياء عندما يصلّون على النبي ﷺ يكونون في مقام المشاهدة، أي يشاهدون الّذي يصلّون عليه. هذا المقام مُبتَغَى كل إنسان! كما

أُشير، **(التحيّات المباركات الصلوات الطيّبات لله)** بصيغة الغائب، لم يقل: التحيّات المباركات الصلوات الطيّبات (لَكَ). أي نحن لا يمكن لنا أن نعرف أو نصل إلى الحضرة الإلهيّة، لأنّ بابها محمّد ﷺ، ويمكن الوصول إلى الحضرة المحمّديّة؛ لذلك خطبنا الخطاب: (السلام عليك أيّها النبي)، إشارةً إلى أن العبد يمكنه أن يدخل الحضرة المحمّدية، ومنها إلى الحضرة الإلهية. وبعد السلام عليه ﷺ في صفة الحاضر نقول (السلام علينا) أي علينا المسلمين، ثم خصّص منهم تخصيصاً خاصّاً جماعة فقال (وعلى عباد الله الصالحين)، فهم مغايرون لنا خارجون عنّا، لأنّا نحن في مقام وعباد الله الصالحون في مقام آخر. ﴿أَلَآ إِنَّ أَوۡلِيَآءَ ٱللَّهِ لَا خَوۡفٌ عَلَيۡهِمۡ وَلَا هُمۡ يَحۡزَنُونَ ۝٦٢﴾ يونس ١٠ :٦٢. فإذا قلنا نحن: السلام علينا، ثم نسلّم على عباد الله الصالحين—أي الأولياء—فهُم الّذين

يوصِلونا إلى حضرة النبي ﷺ، والنبي ﷺ يوصِلُنا إلى حضرة الله عزّ وجلّ. نعم، لله رجال إذا أرادوا أراد كما في الحديث الشريف (**رُبَّ أَشْعَثَ مَدْفُوعٍ بِالأَبْوَابِ لَوْ أَقْسَمَ عَلَى الله لأَبَرَّهُ**) صحيح مسلم عن أبي هريرة. هؤلاء هم العباد الصالحون، هم مفتاح باب النبي ﷺ فعلينا بالاستدلال بهم واتباع خطاهم نحو النبي ﷺ وعلينا باتّباع النبي ﷺ كما أمر الله عز وجل القائل ﴿قُلۡ إِن كُنتُمۡ تُحِبُّونَ ٱللَّهَ فَٱتَّبِعُونِي يُحۡبِبۡكُمُ ٱللَّهُ﴾ آل عمران ٣ :٣١.

[تفسير ﴿وَوَجَدَكَ ضَآلاً فَهَدَىٰ ۝٧﴾]

﴿وَوَجَدَكَ ضَآلاً فَهَدَىٰ ۝٧﴾ الضحى ٩٣ :٧ ضالاً ليس كما يفسّرون، أنه وجدك لا تدري شيئاً وأنت تائه في مكّة، أو في غار حِراء، فهداك... لا. ﴿وَوَجَدَكَ ضَآلاً فَهَدَىٰ ۝٧﴾ أي وجدك يا

محمّد مُحِبّاً للمعراج، لزيارتي، للمجيء عندي، فهديتُك الطريق، وأرسلت لك دليلاً—وأنت لا تحتاج إلى دليل ولكن تعظيماً لمقام التواضع، **مَنْ تَوَاضَعَ لله رَفَعَهُ اللهُ** [ابن ماجه وابن حبان في الصحيح عن أبي سعيد والدارقطنى فى الأفراد والطبرانى فى الأوسط عن عائشة والبيهقي في الشعب عن عمر وأبو نعيم في الحلية عن أبي هريرة رضي الله تعالى عنهم مرفوعاً] فأنت تواضعتَ يا محمّد، بقبول الدليل، فرفعتُك إلى ﴿ قَابَ قَوْسَيْنِ أَوْ أَدْنَىٰ ﴾ بدون دليل. ﴿ وَوَجَدَكَ ضَآلاً فَهَدَىٰ ۝٧ ﴾ أي من بعد مقام جبريل، تقدّم النبيّ ولم يتقدّم جبريل. فهديتُك إلى ذاك الطريق. وهذا طريقٌ لك فقط وليس للآخرين.

[تفسير ﴿ فَأَمَّا ٱلْيَتِيمَ فَلَا تَقْهَرْ ۝٩ ﴾]

﴿ فَأَمَّا ٱلۡيَتِيمَ فَلَا تَقۡهَرۡ ۝٩ ﴾ الضحى ٩٣ :٩. أي يا محمد ﷺ من جاءك يتيماً أي طالباً، يتلمّس عندك الفيوضات فلا تحرِمْهُ، فإنّي أعطيتُك وآويتُك إليّ في مقام ﴿ قَابَ قَوۡسَيۡنِ أَوۡ أَدۡنَىٰ ۝٩ ﴾ فأنت لا تحرم هذا العبد الّذي هو عبدي وقادمٌ عندك يا محمّد ﷺ فاعطِهِ مما أعطيتُك، وشرِّفْهُ مما شرّفتُك، وارفعْ مقامه مما رفعتُ مقامَك، يا محمّد أنت فخري، أنت حُبّي، أنت مصطفاي. فصلّوا على النبي يا أحباب النبي! والسلام عليكم ورحمة الله تعالى وبركاته.

إكرام الأمّة بعموم الرحمة بجاه الحبيب المصطفى محمّد ﷺ وتمكين الله العظيم لقلبه الشريف

صحبة الشيخ هشام التي ألقاها أمام أحشاد ما فوق المئة ألف المؤلَّفة في كُوتا جَبَارا في جاوة الوسطى وبحضور بعض رجال الدولة والمنشد الكبير الحبيب شيخ بن عبد القادر السقاف غُرّة جمادى الأخير ١٤٣١ الموافق الجمعة ١٥ أيّار مايو ٢٠١٠

[وجوب سؤالنا النبيَّ ﷺ أن يَستغفِرَ الله لنا]

صلّوا على النبي. صلّوا على النبي. صلّوا على النبي. اللهمّ صلِّ على الحبيب المصطفى عليه أفضل الصلاة والسلام. الحمد لله رب العالمين والصلاة والسلام على أشرف المرسلين سيدنا ونبينا محمد

وعلى آله وصحبه أجمعين. الحمد لله الذي هدانا لهذا وما كنّا لِنهتديَ لولا أنْ هدانا الله. الحمد لله نستعينه ونستغفره ونستهديه، ونعوذ بالله من شرور أنفسنا وسيّئات أعمالنا، من يهدِ اللهُ فلا مُضِلَّ له ومن يُضلِلْ فلا هادِيَ له. ونشهد أن لا إله إلا الله وحده لا شريك له ولا مثيلَ له في علوّ شأنه وعظيم سلطانه ونشهد أنّ سيِّدَنا وسنَدَنا ومولانا محمّداً عبده وحبيبه ورسوله، أرسله من أرْجح العرب ميزاناً وأفصحها بياناً، فأوضح الطريقة ونصح الخليقة، صلّى الله تعالى عليه وعلى آله وأصحابه، وأزواجه وأولاده وذرّيّته، وخلفائه المهديين من بعده ووزرائه العاملين في عهده، خصوصاً منهم على الأئمّة خلفاء رسول الله على التحقيق، أمراء المؤمنين، حضرات أبي بكرٍ وعمرَ وعثمانَ وعليّ ذوي القَدْر الجليّ، وعلى بقيّة الصحابة والتابعين، رضوان الله تعالى عليهم أجمعين. أيها المؤمنون الحاضرون

إتّقوا الله وأطيعوه، إنّ الله مع الّذين اتّقوا والّذين هم محسِنون. يا أيّها الحفل الكريم، أودّ أن أشكر سيادة الأخ الكريم والعالِم الفاضل والرجل الكبير: الحبيب شيخ بن عبد القادر السقاف الَّذي دعانا إلى هذا المولد النبوي الشريف، مع المترجم الحبيب علوي والحبائب جميعاً. نرجو من الله تعالى أن يمدَّهم بالخير والفضل والإكرام.

أيها الإخوان والأخوات، أيها الأفاضل، أنتم زحفتم اليوم لحضور المولد النبوي الشريف، وما بالكم يوم الزحف الأكبر في حضرة الحق عز وجل؟ ها أنتم اليوم تزحفون لسماع القصائد النبويّة، وأنتم غداً ستزحفون لرؤية النبي المصطفى عليه أفضل الصلاة والسلام. علينا أن نعرف أننا في كل وقتٍ وفي كل زمنٍ واجبنا أن نزحف ونأتي إلى حضرة النبي ﷺ وهناك نستغفر ربَّنا ويستغفر لنا الرسول حيثُ قال الله تعالى في كتابه الكريم—أيها

المسلمون المؤمنون—﴿ وَلَوْ أَنَّهُمْ إِذ ظَّلَمُوٓاْ أَنفُسَهُمْ جَآءُوكَ ﴾ يا محمّد ﴿ فَٱسْتَغْفَرُواْ ٱللَّهَ وَٱسْتَغْفَرَ لَهُمُ ٱلرَّسُولُ لَوَجَدُواْ ٱللَّهَ تَوَّابًا رَّحِيمًا ﴿٦٤﴾ ﴾ النساء ٤ :٦٤. وهذا الاستغفار يا معشر الناس علينا أن نأتي لحضرة محمّد ﷺ لطلبه. فهذا الاستغفار له ملائكةٌ خاصّة يحملون ذاك الرجل أو تلك المرأة—عند الاستغفار—إلى حضرة النبي ﷺ وهذا ليس بالكثير لله عز وجل، فهو الّذي أعطى، وهو الّذي أكرم حبيبه بهذه الأمّة، فهو الّذي يغفر لها بجاه مصطفاه الحبيب محمّد ﷺ.

[التنبيه إلى لاانتهائية لباب المعاني القرآنيّة]

أيها المؤمنون، أيّها المسلمون، يا أحبّاء رسول الله ﷺ. قال أحد الأولياء—ابن عجيبة رحمه الله—(العِلْمُ عِلْمَان: عِلْمُ الأَوْرَاق وعِلْمُ

الأَذْوَاق). فعلى العلماء ألّا يكونوا أصحاب أوراق. ولكن على العلماء العاملين والأولياء الصالحين والأحباب المكرَّمين أحفاد النبي المصطفى، أن يكونوا علماء الأذواق فلهم ذوقٌ في كل آية وفي كل كلمة وفي كل حرفٍ من حروف القرآن، إذ له تجلّي وله معنى وهو بُحُورٌ. القرآن بحورٌ من المعاني لا يمكن حصرها ولا عدُّها بكتيّبات صغيرة، ولكن القرآن أوجد الله تعالى فيه كلَّ كبيرة وكلّ صغيرة وكلّ شيء يهمّ الأمّة ويهمّ الخلق. وكلّ شيء في هذا الكون موجود معناه في القرآن الكريم.

[الوصيّة بأخلاق العلماء الربّانيين]

أيها المؤمنون وأيها العلماء علينا بتفهّم الآيات. قال سيّدنا علي رضي الله تعالى عنه وأرضاه: **قَصَمَ ظهري رجلان: عالمٌ مُتَهَتِّك وجاهلٌ**

متنسِّك، هذا ينفِّر الناس بتهتّكه وهذا يُضِلّ الناس بتنسكه فالرجل العالم يجب ألّا ينفّر الناس بل يكون معلّماً للناس التواضع، فالنبيّ ﷺ كان المتواضع الأكبر، قال الله تعالى في حقّه ﴿ وَإِنَّكَ لَعَلَىٰ خُلُقٍ عَظِيمٍ ﴿٤﴾ ﴾ القلم ٦٨ :٤. فعلينا بالتواضع فقط لبعضنا البعض وإنّ إبليس وجنوده هم المتكبّرون، فعلينا ألّا نتكبّر على بعضنا البعض. **قَصَمَ ظهري** أي قطعه نصفين، هذا بعلمه المتهوّر والمنفّر لأنه فاجر فيزهد الناس في علمه لما يرون من فجوره وذاك جاهل القلب يدعو إلى باطله يرغّب الناس في بدعته فيُضِلّهم.

أيّها المسلمون، أيّها الحفل الكريم، أنا لستُ هنا محاضراً. إني أمامكم أقلُّ منكم بكثير، أعتبر نفسي تحت الأقدام وعلى الأعتاب واقفاً أتلمّس رضا النبي ﷺ وأتلمّس رضا الله عز وجلّ القائل في

كتابه الكريم ﴿ وَفَوْقَ كُلِّ ذِى عِلْمٍ عَلِيمٌ ﴾ يوسف ١٢ :٧٦.

لذلك لا نعدّ أنفسنا علماء ولكننا طلاب علم وليس أكثر من ذلك.

[تمكين الله تعالى العظيم للقلب المحمّدي والوصايا العلويّة]

يقول الله تعالى في كتابه الكريم ﴿ يسٓ ۝١ وَٱلْقُرْءَانِ ٱلْحَكِيمِ ۝٢ إِنَّكَ لَمِنَ ٱلْمُرْسَلِينَ ۝٣ ﴾ يس ٣٦ :١-٣. أي يا محمّد إنك من المرسلين وإنّك صاحب القرآن، عطف القَسَم بالقرآن الكريم بالقَسَم بيس أي باسم النبي المصطفى يس ﷺ ومعناه أنّه دخل القرآن الكريم في قلب النبي ﷺ حيث قال النبي ﷺ **يَسْ قَلْبُ الْقُرْآنِ** [المسند والنسائي في الكبرى والطبراني عن مَعْقِل بن يسار والدارمي والبيهقي في الشعب عن أنس والبزار في مسنده عن أبي هريرة] والفاتحة **أُمُّ الْقُرْآنِ** [البيهقى في الكبرى والطبراني في

الأوسط قال الهيثمي رجاله ثقات] وقال الله تعالى ﴿لَوْ أَنزَلْنَا هَٰذَا ٱلْقُرْءَانَ عَلَىٰ جَبَلٍ لَّرَأَيْتَهُۥ خَٰشِعًا مُّتَصَدِّعًا مِّنْ خَشْيَةِ ٱللَّهِ﴾ الحشر ٥٩ :٢١ أي أن الجبال والدنيا والكون جميعاً لو أنزل الله هذا القرآن على الكون لهُدِم الكون، ولكنَ القرآن نزل على قلب محمّد **نَزَلَ بِهِ الرُّوحُ الْأَمِينُ عَلَى قَلْبِكَ** الشعراء ٢٦ :١٩٣-١٩٤لم يُهْدَمْ قلبُ محمّد ﷺ بل تمكّن، وحفظ، وعلّم القرآن كما يريد الله تعالى وكما يريد محمّد ﷺ وعلى آله وصحبه. قال النبي ﷺ **أَنَا مَدِينَةُ الْعِلْمِ وَعَلِيٌّ بَابُهَا** [الترمذي والطبراني في الكبير والبغوي في المصابيح والحاكم وحسّنه من الحفّاظ السخاوي وشيخه ابن حجر والزركشي في التذكرة والزرقاني في مختصر المقاصد والشوكاني في الفوائد وغيرهم]. وأخرج ابن عساكر عن ابن عباس قال: ما نزل في أحد من كتاب الله تعالى ما نزل في علي. وأخرج عنه أيضاً قال:

نزلت في علي ثمانمائة آية. وفضائله كثيرة ومشهورة، روى الحاكم في المستدرك أن الإمام أحمد بن حنبل قال: ما جاء لأحد من أصحاب رسول الله ﷺ من الفضائل ما جاء لعلي بن أبي طالب رضي الله عنه.

فعلينا بالاتّعاظ بما يقوله سيّدنا علي رضي الله تعالى عنه وكرّم وجهه وعليه السلام. قال: العلم يرفع الوضيع—أي الذي لا قيمة له، لا يحترمه أحد، فإذا تعلّم العلم الحنيف والشرع المبين فهو يُرفَع إلى أعلى المقامات—والجهل يضع الرفيع. والرفيع: الّذي يظنّ الناس أن مستواه عالٍ جداً، وأنّه فوق القوم كبير من الأكابر وأنّه مشهور، كل ذلك لا ينفع إذا لم يكن عالماً بعلم الشريعة ولعلم الحقائق، فيكون متكبراً لا يعلم شيئاً. وقال: العلم خيرٌ من المال، العلم يحرسك وأنت تَحرُس المال، العلم حاكم والمال محكوم عليه. لأن المال فتنة الناس في هذه الدنيا، ﴿ وَٱعْلَمُوٓاْ أَنَّمَآ أَمْوَٰلُكُمْ

وَأَوۡلَٰدُكُمۡ فِتۡنَةٞ وَأَنَّ ٱللَّهَ عِندَهُۥٓ أَجۡرٌ عَظِيمٞ ﴿٢٨﴾ ﴾ الأنفال ٨

:٢٨. فاعلموا أن الفتنة تأتي من المال الكثير ومن الأولاد الذين لا يسمعون لآبائهم وأمّهاتهم. أما العلم فهو الحارس، يجعل مالَك محفوظاً، أي يجعلك لا يأتي إلى قلبك إبليس فأنت تحرس قلبك من إبليس وجنوده. أمّا إذا كان عندك مال وما عندك علم، تحرس المال وأنت خائف في كل لحظة أين تضعه في أي مَصْرَف أو مَتْجَر فهذا همّك، أنت مشغول البال عن الله ورسوله وأحبابه. ثم العلم حاكم والمال محكوم عليه أي العلم هو القاضي، فهو الذي ينفع لا المال.

[الواعظ القلبي أرجح عند الله من الثِّقْل الدنيوي]

أيها الإخوان الأحبّاء أحبّاء النبي ﷺ صلّوا على النبي، صلّوا عليه، صلّوا عليه! إسمعوا وَعُوا، فإذا سمعتم فانتفعوا. إسمعوا كلام الله

وكلام رسوله المصطفى ﷺ وَعُوهُ جيّداً فتُفلِحوا وتُنصَروا على أعدائكم. جاء عن أَبي هريرة رضي الله تعالى عنه وأرضاه، عن رسول الله ﷺ قال **إِنَّهُ لَيَأتِي الرَّجُلُ السَّمِينُ العَظِيمُ يَوْمَ القِيَامَةِ لاَ يَزِنُ عِنْدَ اللهِ جَناحَ بَعُوضَةٍ** متفق عليه أي الّذي يفتخر بنفسه أنه عظيم من العظماء وأنه غني من الأغنياء وأنه وزير من الوزراء وأنه ملِك من الملوك وأنه أمبراطور وشاه يظنّ نفسه عظيماً، فيأتي يوم القيامة **لاَ يَزِنُ عِنْدَ اللهِ جَناحَ بَعُوضَةٍ** أي لا قيمة له، وجناح البعوضة أفضل منه، لأنه متكبّر ومُتَعَجْرِف، ليس ضعيفاً متضعِّفاً متواضعاً. فيقول هذا الرجل غير مقبول عند الله تعالى ﴿ أُوْلَـٰٓئِكَ لَا خَلَـٰقَ لَهُمْ فِى ٱلْـَٔاخِرَةِ وَلَا يُكَلِّمُهُمُ ٱللَّهُ وَلَا يَنظُرُ إِلَيْهِمْ يَوْمَ ٱلْقِيَـٰمَةِ ﴾ آل عمران ٣ :٧٧ وقال الله تعالى ﴿ يَـٰٓأَيُّهَا ٱلَّذِينَ ءَامَنُوٓاْ إِن تَتَّقُواْ ٱللَّهَ يَجْعَل لَّكُمْ فُرْقَانًا وَيُكَفِّرْ عَنكُمْ سَيِّـَٔاتِكُمْ

﴿وَيَغْفِرْ لَكُمْ ۗ وَٱللَّهُ ذُو ٱلْفَضْلِ ٱلْعَظِيمِ ﴿٢٩﴾﴾ الأنفال ٨ :٢٩. ورُوِي عن أم سلمة رضي الله عنها وأرضاها مرفوعاً: **إِذَا أَرَادَ اللهُ بِعَبْدِهِ خَيْراً جَعَلَ لَهُ وَاعِظاً مِنْ قَلْبِهِ** [قال الحافظ العراقي: أخرجه أبو منصور الديلمي في مسند الفردوس من حديث أم سلمة وإسناده جيد]. إذا أراد الله خيراً لعبدٍ من عباده أو لأَمَةٍ من إمائه، جعل له أو لها في قلبه أو قلبها فرقاناً وواعظاً يهديه إى السراط المستقيم ويجعل دائماً في قلبه من الإلهامات الّتي يصبّها الله عز وجل في قلب ذلك العبد، كما قال جلّ وعلا ﴿وَٱتَّقُواْ ٱللَّهَ ۖ وَيُعَلِّمُكُمُ ٱللَّهُ﴾ البقرة ٢ :٢٨٢ وقال عز وجل ﴿فَأَلْهَمَهَا فُجُورَهَا وَتَقْوَىٰهَا ﴿٨﴾﴾ الشمس ٩١ :٨. أي بالتقوى يُلهِم اللهُ تبارك وتعالى العبدَ: ﴿إِن تَتَّقُواْ ٱللَّهَ يَجْعَل لَّكُمْ فُرْقَانًا﴾ وقال عز وجلّ ﴿وَعَلَّمْنَٰهُ مِن لَّدُنَّا عِلْمًا ﴿٦٥﴾﴾ الكهف ١٨ :٦٥. إذا كانت هناك التقوى فالعلم حاضرٌ.

[حقائق الكلام من القرآن نفسه]

وذكر المفسّر الكبير ابن عطية الأندلسي وغيره أن عمر قال لحذيفة رضي الله تعالى عنهما وأرضاهما: كيف أصبحتَ؟ فقال: أصبحتُ أحبّ الفتنة وأكره الحق. فقال عمر: ما هذا؟ وفي رواية أخرى ذكرها العلّامة الأُشموني في منار الهُدى في بيان الوقف والابتدا: أنَّ سيّدنا عمر لقي حذيفة بن اليمان يوماً فقال له عمر كيف أصبحتَ يا حذيفة؟ فقال: أصبحتُ أُحِبُّ الفتنة، وأكره الحقّ، وأقول ما ليس بمخلوق، وأصلّي بغير وضوء، وأشهد بما لم أَرَ، ولي في الأرض ما ليس لله في السماء. فغضب عمر فمضى حذيفة وتركه فأقبل عليّ بن أبي طالب رضي الله عنه وأرضاه فرأى أثر الغضب في وجه عمر فقال له علي: ما يُبْغِضُبك يا أمير المؤمنين؟ فقصّ عليه ما جرى له مع حذيفة، فقال عليّ: صدق حذيفة. أليس أنَّه قال: أُحِبُّ الفتنة؟

أَصبَحَ يحبّ المال والولد، قال تعالى ﴿ وَٱعۡلَمُوٓاْ أَنَّمَآ أَمۡوَٰلُكُمۡ وَأَوۡلَٰدُكُمۡ فِتۡنَةٞ وَأَنَّ ٱللَّهَ عِندَهُۥٓ أَجۡرٌ عَظِيمٞ ﴿٢٨﴾ ﴾ الأنفال ٨ :٢٨. ويكره الموت وهو حقّ، ويقرأ القرآن وهو ليس بمخلوق، ويصلي على النبي ﷺ على غير وضوء، ويشهد أن لا إله إلاَّ الله وهو لم يره، وله في الأرض زوجةٌ وبنون وليس لله تعالى زوجة ولا بنون. وفي رواية أخرى أنه قال: أكره الحق، وأصدّق اليهود والنصارى فقال سيدنا علي رضي الله عنه صدق، يكره الحق يعني الموت، قال الله تعالى ﴿ وَجَآءَتۡ سَكۡرَةُ ٱلۡمَوۡتِ بِٱلۡحَقِّ ﴾ ق ٥٠ :١٩ ويصدّق اليهود والنصارى قال الله تعالى ﴿ وَقَالَتِ ٱلۡيَهُودُ لَيۡسَتِ ٱلنَّصَٰرَىٰ عَلَىٰ شَيۡءٖ وَقَالَتِ ٱلنَّصَٰرَىٰ لَيۡسَتِ ٱلۡيَهُودُ عَلَىٰ شَيۡءٖ ﴾ االبقرة ٢ :١١٣. انظروا العالم الجليل المتفقه كيف يستنبط الأحكام والعلوم الذوقية من الأدلة الشرعية من القرآن والسنّة. فمن أمثال هذه كان

سيدنا عمر يقول (أعوذ بالله من مُعضِلَةٍ ليس لها أبو حسن) [رواه البيهقي في المدخل إلى السنن الكبرى] أي من مشكلة لا يحلّها سيّدنا علي أبو الحسن والحسين رضي الله تعالى عنهم أجمعين والسلام عليهم وعلى رسول الله ﷺ وعى آله وأهل بيته الطاهرين المطهَّرين وأصحابه أجمعين. والسلام عليكم ورحمة الله تعالى وبركاته.

أمان أولياء الرحمٰن
من فوات أسرار الأسماء والصفات
بإمدادات صاحب القرآن ﷺ
نبيِّ الآيات الباهرات

صحبة الشيخ هشام التي ألقاها أمام طلّاب معهد ينبوع القرآن المشهور بالمدرسة الأَرْوَانية التي أسسها جامع القراءات العلّامة الكِياهِي حاج أرْوَانِي أمين في بلدة قُدُس جاوة الوسطى وبحضور أساتذة المعهد ثاني جمادى الأخير ١٤٣١ الموافق ١٦ مايو ٢٠١٠

السلام عليكم ورحمة الله تعالى وبركاته. قبل السلام والكلام نقف احتراماً للنبي ﷺ. صلى الله عليك يا سيدي يا رسول الله يا رحمةً للعالمين. ألف ألف صلاة وسلام عليك يا حبيب الله، ألف ألف صلاة وسلام عليك يا شفيع الأمّة، ألف ألف صلاة وسلام عليك

يا أبا البتول، ألف ألف صلاة وسلام عليك يا جد الحسن والحسين.

الحمد لله على نِعَمِه الواسعة والحمد لله الّذي هدانا للإسلام والإيمان والإحسان، وشرّفنا بنبيّه العدنان، عليه أفضل الصلاة والسلام. أمّا بعد، أيّها الإخوة الكرام، يُسعِدني ويشرّفني أن أكون بينكم اليوم لنتذكّر أسمى الآيات في محبّة النبي عليه أفضل الصلاة والسلام، ولنراجع أنفسنا قبل يوم الحساب.

[﴿ٱقۡرَأۡ﴾ بـ﴿بِسۡمِ ٱللَّهِ﴾ وسائر الأسماء والصفات السارية في الخلق]

قال الله تعالى في كتابه الكريم لنبيّه عليه أفضل الصلاة والتسليم في أوّل وحيٍ له: ﴿ٱقۡرَأۡ بِٱسۡمِ رَبِّكَ ٱلَّذِى خَلَقَ ۝١﴾ العلق ٩٦ :١ أي يا محمّد ﷺ إقرأ ما سأقول لك وما سأفتح عليك. هل هي قراءة معنويّةٌ أم هي قراءةٌ حقيقيّة، أم هي قراءة كتاب؟ هنا علامة

إستفهام. عندما نقول للطالب—وأنتم طلاب علم—(إقرأ) أي خذ الكتاب واقرأ، أنظر واقرأ. فهذا هو المعنى الّذي نعرفه. ولكن النبي ﷺ هل أخذ كتاباً وقرأه؟ فماذا يعني إذاً (إقرأ)؟ ﴿ ٱقْرَأْ ﴾ أي يا محمّد أنت النبيّ الأمّي وأنت ستكون القارئ، والعالِم، والمُرسَل، والنّبيّ وصاحب العلم وصاحب المعرفة وصاحب ﴿ قَابَ قَوْسَيْنِ أَوْ أَدْنَىٰ ﴾ النجم ٥٣ :٩. أي يا محمّد، سأفتح عليك علوم الأوّلين والآخرين حيث طلبت منك القراءة ابتداءً بقراءة إسمي (إقرأ باسمي) أي إفتتح بـ﴿ بِسْمِ ٱللَّهِ ٱلرَّحْمَـٰنِ ٱلرَّحِيمِ ۝١ ﴾ يفتتح لك الحق بكل أنواع العلوم التي أنت تريدها يا محمّد ﷺ. إقرأ ماذا؟ قال الله سبحانه وتعالى ﴿ ٱلرَّحْمَـٰنُ ۝١ عَلَّمَ ٱلْقُرْءَانَ ۝٢ خَلَقَ ٱلْإِنسَـٰنَ ۝٣ ﴾ الرحمن ٥٥ :١-٣ أي صاحب الرحمة—وهو الرحمن الرحيم الّذي برحمته خلق كل شيء في الوجود—أي يا محمّد إقرأ باسم الّذي

علّمك القرآن لّما كنت نبيّاً وآدم بين الروح والجسد. إقرأ بهذا العلم، علم الخَلْق وسرّ الخلق. لذلك قال إقرأ باسم ربِّك ﴿ٱلَّذِى خَلَقَ﴾ أي أعطى محمّداً كل علوم الأسماء ﴿وَعَلَّمَ ءَادَمَ ٱلْأَسْمَآءَ كُلَّهَا﴾ البقرة ٢ :٣١ أيّ أسماء؟ أسماء البشر؟ أسماء الأكل والشُرب؟ أسماء المخلوقات؟ لا. هي من هذه الأسماء، ولكن المهمّ: علّم محمّداً الّذي هو نور آدم—ونوره في جبين آدم—علّمه سرّ الأسماء والصفات—أسماء وصفات الله عزّ وجلّ—وما تعني وما في داخلها وما سيكون من أسماءٍ وصفاتٍ في دواميّة الخلق بدون انقطاع.

[معنى علمِ النبيّ ﷺ علمَ الأولين والآخرين]

إسمعوا وَعُوا إسمعوا وانتبهوا. إفتحوا آذانكم، لا تناموا ولا تغفلوا. نحن دائماً في الغفلة لأنّ عمل الشيطان أن يجعلنا في الغفلة. قال النبي ﷺ **اللهمّ لا تَكِلني إلى نَفسِي طَرفَةَ الْعَيْنِ** [النسائي والحاكم عن أنس رضي الله عنه] وَلا أقلّ من ذلك، أي لا تجعلْنا في الغَفْلَة. أنتم طلاب علم، يجب ألا تغفلوا—نحن لسنا طلاب علم، أصبحنا في أواخر حياتنا. أنتم المستقبل، أنتم الجيل الجديد فافتحوا آذانكم وانتبهوا وتيقّظوا. ولا تناموا! Don't sleep!

لا تقرؤوا القرآن كالببّغاء. بل اقرؤوا القرآن بتفهّم معانيه. هناك من الأسرار التي لا يمكن حصرها في حرفٍ واحدٍ ما يكفي بحور العلوم. ﴿ وَلَسَوْفَ يُعْطِيكَ رَبُّكَ فَتَرْضَىٰٓ ۝٥ ﴾ الضحى ٩٣:٥ أي: سيُعطيك ربّك ما تطلبه يا محمّد حتّى ترضى. سيفتح عليك من العلوم والمعاني حتى تقول يا ربي اكتفيت... وهل من

الممكن للرسول ﷺ أن يقول اكتفيت يا ربي ولا أريد أكثر من ذلك؟ أم هو الّذي يطلب دائماً من ربّه الكثير والكثير ﴿ إِنَّآ أَعۡطَيۡنَٰكَ ٱلۡكَوۡثَرَ ۝١ ﴾ الكوثر ١٠٨ :١ أي سنعطيك الكثير يا محمّد، الّذي لا نهاية له: ﴿ إِنَّآ أَعۡطَيۡنَٰكَ ٱلۡكَوۡثَرَ ۝١ ﴾ العلوم التي لا يعلمها أحدٌ فهي علوم الأوّلين والآخرين—وليس هذا يعني علوم بني إسرائيل أو علوم من عهد آدم إلى يوم القيامة—ولكن علوم ما قبل خلق آدم عليه السلام، لمّا كان نبيّنا ﷺ نبيّاً وآدم (**بَيْنَ الرُّوحِ وَالجَسَدِ**)، وعلوم الآخرين التي هي بعد يوم القيامة وبعد الحساب—أهل الجنّة للجنّة وأهل النّار للنار—إنّ الله سيفتح على حبيبه من العلوم الّتي هي بعد الجِنان... ولذلك نقول، ولا نستحي، كما أن الله عز وجل لا شريك له في ألوهيّته، كذلك النبيّ ﷺ لا شريك له في عبوديّته.

[النبي ﷺ مختصّ بمعاني الأسماء والصفات وهو مدخل العلم بالله]

إذا أراد الله عز وجلّ أن يعطيَ عبداً شيئاً لا يمكن لأحدٍ أن يردَّه. الله سبحانه وتعالى لما سأله سيّدنا موسى عليه السلام ﴿ قَالَ رَبِّ أَرِنِيٓ أَنظُرۡ إِلَيۡكَۚ قَالَ لَن تَرَىٰنِي وَلَٰكِنِ ٱنظُرۡ إِلَى ٱلۡجَبَلِ فَإِنِ ٱسۡتَقَرَّ مَكَانَهُۥ فَسَوۡفَ تَرَىٰنِيۚ فَلَمَّا تَجَلَّىٰ رَبُّهُۥ لِلۡجَبَلِ جَعَلَهُۥ دَكّٗا وَخَرَّ مُوسَىٰ صَعِقٗا ﴾ الأعراف ٧ :١٤٣ أي موسى عليه السلام لم يتمكّن من إدراك حقيقة الأسماء والصفات فأين معرفة حقيقة الله عز وجل. معاني الأسماء والصفات مخصَّصة للنبي ﷺ ولا وليٌ ولا نبيٌ يمكن له معرفتها إلا من خلال النبي ﷺ لذلك أرسل الله عز وجل سيدنا موسى عليه السلام إلى الخضر حيث قال ﴿ فَوَجَدَا عَبۡدٗا مِّنۡ عِبَادِنَآ ﴾—عبدٌ واحد من بين كثيـــر من العباد الّذين

وصلوا إلى مقام الولاية—﴿ ءَاتَيْنَٰهُ رَحْمَةً مِّنْ عِندِنَا وَعَلَّمْنَٰهُ مِن لَّدُنَّا عِلْمًا ﴿٦٥﴾ ﴾ الكهف ١٨ :٦٥ حصّل العلم فقط برحمة الله، أي جاءت الرحمة قبل العلم، والرحمة هي النبي المصطفى ﷺ. أي الخضر أخذ وتورّث من النبي ﷺ ما أورثه إيّاه من علوم من مقام (**كُنْتُ نَبِيًّا وَآدَمُ بَيْنَ الرُّوحِ وَالْجَسَدِ**) [الترمذي عن أبي هريرة صححه والحاكم عن ميسرة الفجر وأحمد عنه دون تسميته وابن سعد عن ابن أبي الجدعاء والبزار والطبراني في الكبير عن ابن عباس رضي الله عنهم] فأعلمه بقليل من هذه العلوم فأصبح حاضراً قابلاً لتلقّي العلم اللدنّي ﴿ وَعَلَّمْنَٰهُ مِن لَّدُنَّا عِلْمًا ﴾ برحمة نبيّنا المصطفى ﷺ. ولذلك علوم الحقائق والأشياء المحفوظة في صدر النبي ﷺ مغايِرة لما نعرفه ونعلمه وقال الله تعالى ﴿ أَلَآ إِنَّ أَوْلِيَآءَ ٱللَّهِ لَا خَوْفٌ عَلَيْهِمْ وَلَا هُمْ يَحْزَنُونَ ﴿٦٢﴾ ﴾ يونس ١٠ :٦٢. أي عباد

الله الّذين لا يُعرَفون—هم أولياء الله الّذين هم مخفيّون في الأمّة—آمنون من فوات إدراك هذه العلوم لأنّ قلوبهم متّصلةٌ بحضرة النبي المصطفى عليه أفضل الصلاة والسلام.

[كرامة الإمام البخاري والتعظيم المطلق لكتاب الله]

لا تتعجبوا. الإمام البخاري رحمه الله ورضي عنه—محمّد بن إسماعيل الجُعْفي—له مسجد ومدرسة في بُخارى وهو الّذي جمع أحاديث النبي ﷺ الصحيحة. عندنا كل أحاديث النبي ﷺ عدا الإسرائيليّات صحيحة ولو كانت ضعيفة. نأخذ بها في فضائل الأعمال. لكن الإمام البخاري تخصص بالصحيح الصحيح الّذي لا شك فيه ولا غُبار عليه. ومدرسته مقابل مسجده. كان يُدرّس ويقرأ هذه الأحاديث على الطلبة. وكان يحضر في مجلسه—كما أخبرونا في

بُخارى—٢٥٠٠٠ طالب حسب الأخبار المتواترة عن كثير من العلماء الأفاضل الّذين عاصروه ومن بعده بين العلماء إلى يومنا هذا. فكان يُلْقي محاضراته—إذا صح التعبير بهذه الكلمة الجامعيّة المستحدثة التي أصبحت لا تعني شيئاً: ما معنى هذا؟ أنت يا عالم إعمل بعلمك قبل أن تُلقي محاضرة! عليك أن تكون عالماً عاملاً، فالعلم ينادي العمل فإن جاء العمل فذاك وإلا فارتحل العلم. كثيرٌ من العلماء اليوم لا يعملون بما علموا. فكان الإمام البخاري يُلقي أو يقرأ الأحاديث على ٢٥٠٠٠ شخص. وكان يجلس في ركنه قريباً من المنبر. وكانوا يسمعون صوته إلى نهاية الصفوف كما يسمعه الجالسون في الصف الأوّل. وكان المسجد يكبر ويصغر على عدد الأشخاص.

الآن نحتاج إلى مكروفون حتى يسمعونا ولو في قاعة صغيرة كهذه. وهؤلاء الأولياء كان أعطاهم الله قوّةً روحانيّة يُسمِعون بها القريب والبعيد، من قوّة النبي ﷺ. لهم (شريط) إذا تمكّنّا أن نقول بهذا التعبير، شريطهم يتّصل بقلب النبي ﷺ فهم يأخذون من هناك ويعطون للناس. أما اليوم فنريد الكاميرات والمكروفونات حتى يسمعونا ويرونا. فلذا قال الله تعالى ﴿ أَلَآ إِنَّ أَوْلِيَآءَ ٱللَّهِ لَا خَوْفٌ عَلَيْهِمْ ﴾ يونس ١٠ :٦٢ وليس معناه لا خوف عليهم في جهنّم بل هم في الجنّة—إذ هم في جنّة في الأرض يجلسون مجلسهم في المسجد ويقرؤون الأحاديث كأنّهم في روضة من رياض الجنّة. فكان يُلقي كلماته على الحاضرين وكانوا يسمعون وهذا شيء غريب وعجيب... ولا تَعجَبوا من أمر الله.

ثم أريد أن أصحح كلمة: نقول إن صحيح البخاري أصحّ الكُتُب بعد القرآن وأنا أرى وربّما أكون مخطئاً، أن هذا قولٌ ليس بأديب وليس فيه كرامة للقرآن الكريم. لا يجوز تشبيه أي كتاب بالقرآن الكريم—وهذا قول جمهور العلماء. نحن لسنا بموقف الدفاع عن القرآن الكريم إذ الله تعالى هو المدافع عن القرآن الكريم. القرآن ليس كمثله شيء قال الله عن نفسه سبحانه وتعالى ﴿ لَيْسَ كَمِثْلِهِۦ شَىْءٌ ۖ وَهُوَ ٱلسَّمِيعُ ٱلْبَصِيرُ ۝١١ ﴾ الشورى ٤٢ :١١ والقرآن كلام الله فلا يمكن تشبيه القرآن بأي كتاب آخر، لذلك لا نقول—في نظري ومع احترامي للجميع—(أصح الكتب بعد القرآن)، كأننا نقول هناك شكّ بأن القرآن صحيح، شكٌّ مُبَطَّن استعملوه أعداء الإسلام ليقولوا (ربما صحيح وربما غير صحيح وصحيح البخاري أصح الكتب بعد القرآن) كيف يكون أصحّ

الكتب بعد القرآن؟ القرآن لا يمكن تمثيله أو تقديره بأي كتاب آخر. هذه فقط كلمة بسيطة أدرجناها حتى لا نقع في شكٍّ خاصّة بين طلاب العلم والفقه، وأعتذر من الشيخ المترجم وأستسمحه، لكن أسمعُها كثيراً في كل البلاد وتأتي على قلبي كبيرة فأحببت التصحيح.

[معجزة قصّها القرآن دليلاً لكرامة الإرشاد القلبيّ الشريف]

نحن نستعمل المكروفون. والإمام البخاري يسمعه ٢٥٠٠٠ شخص. والقرآن الكريم أعطى مثالاً من الحق عز وجل حيث قال في سورة النمل ﴿ قَالَتْ نَمْلَةٌ يَٰٓأَيُّهَا ٱلنَّمْلُ ٱدْخُلُوا۟ مَسَٰكِنَكُمْ لَا يَحْطِمَنَّكُمْ سُلَيْمَٰنُ وَجُنُودُهُۥ وَهُمْ لَا يَشْعُرُونَ ﴿١٨﴾ ﴾ النمل ٢٧ :١٨. نملة واحدة! ذرّة! والنمل في اللغة العربية تسمّى ذَرَّةً أو ذُرَةً.

والذر أصغر شيء يمكن أن يُرى فسُمّيت النمل ذرّاً. والآن يستعملون ذرّة لتسمية الأتوم atom لكن في أصل اللغة هي النمل أي أصغر نوع من النمل. نملةٌ واحدة قالت ﴿ يَـٰٓأَيُّهَا ٱلنَّمۡلُ ﴾ وخاطبت جميع النمل مخاطبةً بكلمة واحدة سمعتها ملايين معاشر النمل، آلاف مؤلفة سمعت لنملة واحدة، فماذا استعملت؟ هل استعملت المكروفون؟ إذاً ماذا؟ انظروا إلى معجزات القرآن. أي (**مَنْ يُرِدِ اللهُ بِهِ خَيْرًا يُفَقِّهْهُ فِى الدِّينِ**) متفق عليه. و**جَعَلَ لَهُ وَاعِظاً مِنْ قَلْبِهِ** [قال الحافظ العراقي أخرجه أبو منصور الديلمي في مسند الفردوس من حديث أم سلمة وإسناده جيد] أي يُرشِده ويُفقهه في الدِّين ويجعل له واعظاً من قلبه أي يكون له شيخٌ يهديه إلى الطريق الصحيح من قلبه مباشرةً ويوصله إلى حضرة النبي المصطفى ﷺ، فبصوته يمكن أن يخاطب جميع الناس بدون مكروفون.

[شروط طلب العلم الشريف في عصرنا هذا]

لماذا الآن الأولياء لا يتكلّمون ولا يُسمَع لهم صوت؟ هل اختفَوا من الوجود؟ انقرضوا؟ ماتوا؟ لا. الأولياء في كل مكان وهم على ظهر هذا الأرض. ولكن من علامات الساعة كما أخبر النبي ﷺ، أن يَكثُر الجهل. إذا نشطوا الأولياء لن يكثر الجهل، والنبي ﷺ تنبّأ بكثرة الجهل، فلذلك التزموا بيوتهم وأصبحوا فقط مع بعض الطلبة، ولم يهتمّوا بما هو في الخارج، فلم يعودوا كما كانوا في الأمر الأوّل ينشطون ويتكلّمون في كل مكان. فلا نرى الآن هذه القوّة الخارقة التي كانت عند السلف الصالح. كان للإمام مالك مئات الشيوخ في التصوّف ومئات الشيوخ في الحديث. من عنده هذا العدد الهائل من الشيوخ اليوم؟ إذا كان لنا شيخ واحد، ما شاء الله، فرحنا جداً.

أيها المؤمنون الحاضرون، اتقوا الله وأطيعوه. إذا أردتم العلم اللدنّي فالتقوى واجبة. وإذا أردتم العلم الظاهر فقط، فربّما تكونوا متّقين وربّما لا. كثير من العلماء يتعلمون اليوم فقط للمعيشة، ليس علمهم لغاية عالية في أنفسهم. يبغون التسبب بأسباب الحياة، وفي الزمن الماضي كان العلم فقط للمعاني السامية الموجودة في أحاديث النبي ﷺ وفي القرآن الكريم. وأنا أختم بقولي لما قال الله عز وجل في كتابه الكريم ﴿ وَلَسَوْفَ يُعْطِيكَ رَبُّكَ فَتَرْضَىٰٓ ۝٥ ﴾ الضحى ٩٣:٥ أي: يا محمد، لم أزل ولن أزال أُعطيك حتى تقول اكتفيتُ، ومما أعطاه: مقام ﴿ قَابَ قَوْسَيْنِ أَوْ أَدْنَىٰ ۝٩ ﴾ النجم ٥٣ :٩ لمّا عُرِج به إلى حضرة الله تعالى، أي النبي ﷺ حصّل هذا المقام وهو الآن في هذا المقام يحصّل أكثر فأكثر. وكل ما يترقّى النبي ﷺ في كل لحظة مثلَين مثلين تترقّى الأمّةُ معه في كل

لحظة مثلَين مثلين. جعلَنا الله تعالى دائماً في قلب النبي ﷺ وجعلَنا محبّين له ودائماً في مدحه، وجمعنا الله به في الدنيا قبل الممات. قال الإمام السيوطي في الآخرة كل أناس المحشَر سيرَوا النبي ﷺ. فنحن نريد أن نراه في الدنيا، من الآن. وهو حاضرٌ معنا، لا تغيّبوه، هو معنا في كلّ لحظة وفي كل مكان. هل من معترِض؟ إبليس وجنوده في كل مكان، ويدخلون إلى قلوبنا. أمّا النبي ﷺ لا يتمكّن من الدخول إلى قلوبنا؟ حاشا. غفر الله لنا ولكم وجميع المؤمنين والمسلمين والسلام عليكم ورحمة الله وبركاته.

لا تنفذون إلا بسلطان الشريعة وسلطان الإطاعة وسلطان الإتّباع وسلطان المحبّة لنبيّه ﷺ وله عزّ وجلّ

صحبة الشيخ هشام التي ألقاها في بلدة دِيْماكْ المنعوتة بمدينة الأولياء في جاوة الوسطى وبحضور جماعة من طلبة العلم ورجال الدولة والمريدين أساتذة المعهد غرة جمادى الأخير ١٤٣١ الموافق ١٥ مايو ٢٠١٠

الحمد لله الذي هدانا للإسلام وما كنّا لِنهتديَ لولا أنْ هدانا الله. الحمد لله الذي جعلنا من أمّة الحبيب المصطفى عليه أفضل الصلاة والسلام. الحمد لله الذي خصّنا بأن نكون عباداً له وجعلنا من أتباع الحبيب المصطفى الذي تُرجى شفاعته لكل هول من الأهوال مقتحم. قال الله تعالى في كتابه الكريم ﴿ **أَطِيعُوا اللهَ وَأَطِيعُوا**

الرَّسُولَ وَأُولِي الْأَمْرِ مِنْكُمْ ﴾. النساء ٤ :٥٩. نمرّ مرّ الكِرام على هذه الآية الكريمة الشريفة، ولا ندري ما هو المعنى المقصود. الإطاعة: هي واجبة على كل مسلم ومسلمة، في الحدود وفي العبادات وفي العقائد. وهذه الآية دخلت فيها أسرار القرآن وأسرار الخلق، ودخل فيها كثير من المعاني. لأنه قال تعالى في كتابه الكريم ﴿ **مَنْ يُطِعِ الرَّسُولَ فَقَدْ أَطَاعَ اللهَ** ﴾ النساء ٤ :٨٠. والإطاعة: أن تكون قد اتّبعت ما جاء به النبي ﷺ وانتهيت عمّا نهى عنه وزجر. فالإنتهاء عن المعاصي واتّباع الأمر بالمعروف يوصِلك إلى محبّة النبي ﷺ ومن وصل إلى محبّة النبي ﷺ، فالنّبي يوصله إلى محبّة الله عز وجل. ومن أحبّه الله عز وجل: فتح له من العلوم ما لا عينٌ رأت ولا أُذُنٌ سمت ولا خطَرَ على قلب بشر. فالإطاعة توصِلك إلى محبّة الله، وإذا أحبّك الله، فقد قال في الحديث القدسي: **مَا يَزَالُ عَبْدِي**

يَتَقَرَّبُ إِلَيَّ بِالنَّوَافِلِ حَتَّى أُحِبَّهُ فَإِذَا أَحْبَبْتُهُ كُنْتُ سَمْعَهُ الَّذِي يَسْمَعُ بِهِ وَبَصَرَهُ الَّذِي يُبْصِرُ بِهِ وَيَدَهُ الَّتِي يَبْطِشُ بِهَا وَرِجْلَهُ الَّتِي يَمْشِي بِهَا رواه البخاري، وفي رواية عند الطبراني زيادة **وَلِسَانَهُ الَّذِي يَنْطِقُ بِهِ وَقَلْبَهُ الَّذِي يَعْقِلُ بِهِ** أي يصبح العبد تحت تجلّي العلم وتجلّي معاني القرآن وتجلٍّ يعطيه فيه الله عز وجل سمعاً خاصّاً من عنده وبصراً خاصاً من عنده، وهو يُبصِر ما لا يُبصِره الناس. وهو يرى ما لا يراه الناس. وهو يَسمع ما لا يسمعه الناس. ربما هو يسمع تسابيح الملائكة. ربما يرى ما لا يُرى، لأن الحديث يقول: **كُنْتُ سَمْعَهُ الَّذِي يَسْمَعُ بِهِ** أي أُعطيه قوة بسِماعه ما لا يمكن سمعُه لسائر الناس، وأُعطيه بصراً يرى به ما لا يمكن أن يراه غيرُه. كما حَدَثَ لسيدنا عمر عندما قال لأميره في الشام سارية بن زُنَيم بن عَمْرٍو الكِناني: إنتبه للجبل يا ساريةَ الجبل! [رواه أبو نعيم في دلائل

النبوة والطبري وابن عساكر في التاريخ وابن عبد البر في الإستيعاب وابن الأثير في أُسْد الغابة]. وهو يخاطبه من المدينة المنورة إلى بلاد الفرس بجُرْد، حيث كان اجتمع لسارية جموع من الفرس والأكراد عظيمة ودَهَمَ المسلمين منهم أمرٌ عظيم، وحيث رآه عمر رؤيا العين، وسمعه سارية سَمْعَ الأُذُن. فكان إتصالاً روحياً. وكان سيدنا عمر رضي الله عنه وأرضاه في مقام أعلى بكثير فهو رأى وسمع، أما ساريةُ فقد سمع ولم يرَ.

يا معشر المسلمين، عندما نصبح في ذاك المقام يسخّر لنا الله السماء والأرض وهو القائل عز من قائل ﴿ **وَسَخَّرَ لَكُمْ مَا فِي السَّمَاوَاتِ وَمَا فِي الْأَرْضِ جَمِيعًا مِنْه** ﴾ الجاثية ٤٥ :١٣. أي: الّذي أحبّ الله والّذي أحبّه الله يسخّر له ﴿ **مَا فِي السَّمَاوَاتِ وَمَا فِي الْأَرْضِ جَمِيعًا** ﴾ وهذا خطاب لعموم المسلمين. أي إذا اتّبعتم

الشرع الحنيف ولازمتم إطاعة الله وإطاعة الرسول وأولي الأمر: يمكنكم أن تحصّلوا مقام التسخير. والله عز وجل وَعَدَكم بهذا. حيث قال ﴿ **وَسَخَّرَ لَكُمْ** ﴾ أي جعل تحت إرادتكم وتصرّفكم السماوات والأراضين. ولا تستعجبوا وتقولوا هذا شيء كثير، لا. بل هذا أشار إليه القرآن ، ﴿ **وَسَخَّرَ لَكُمْ مَا فِي السَّمَاوَاتِ وَمَا فِي الْأَرْضِ جَمِيعًا مِنْه** ﴾ و﴿ **يَا مَعْشَرَ الْجِنِّ وَالْإِنْسِ إِنِ اسْتَطَعْتُمْ أَنْ تَنْفُذُوا مِنْ أَقْطَارِ السَّمَاوَاتِ وَالْأَرْضِ فَانْفُذُوا لَا تَنْفُذُونَ إِلَّا بِسُلْطَانٍ** ﴾ الرحمن ٥٥ :٣٣. خاطب تعالى الجِنَّ والإنس جميعاً: إذا أردتم أن تنفذوا إلى السماوات فانفذوا، لكم هذه القوة، ولكن يجب عليكم أن يكون عندكم سلطان. والسلطان سلطان الشريعة. والسلطان هو سلطان الإطاعة . والسلطان هو سلطان الإتّباع.

والسلطان هو سلطان المحبّة لنبيّه ﷺ وله عز وجلّ. فعلينا باتّباع النبيّ ﷺ حتى نحصّل تلك المقامات.

سيدنا عمر رضي الله تعالى عنه وأرضاه في هذه القصّة يشير إلينا كم كان يرتجف من قرب الموت ويفكّر بالموت في كل لحظة حتى يكون عمله موافقاً لشريعة النبي ﷺ—وهو أمير المؤمنين. فقام واستأجر عاملاً وضعه أمام منزله. فعندما كان يخرج سيدنا عمر لإمارة المؤمنين، كان ذاك العامل يذكّره بالموت وبالآخرة. هذه كانت وظيفته. وحين يعود إلى المنزل كان يذكّره بالموت أيضاً. أي كلّما رآه قال له: يا عمر بن الخطّاب، ستلقى ربَّك يوماً من الأيّام. ومرّت الأيام والسِّنون. ويوماً من الأيام جاء عمر إلى هذا الرجل وقال له: إني أسرِّحك من عملك، فلستُ مُلْزَماً بك وأنت حرّ الآن. فقال: يا أمير المؤمنين هل صدر مني شيء مخالف للشرع أو مخالف

لأوامرك؟ قال: لا، ولكن لا أحتاجك بعد اليوم. فقال: يا أمير المؤمنين لماذا لا تحتاجني وأنا أذكّرك بالموت؟ قال: يا غلام إني استأجرتك لتذكيري بالموت، والله سبحانه وتعالى جعل شعرةً من لحيتي بيضاء: فهي الآن تذكّرني بالموت، فلا حاجة لي إليك لذلك.

فاليوم هذه اللحية البيضاء ولحى الناس جميعاً البيضاء تذكّر الناس الموت. فكل دقيقة تمر من حياتك فأنت ستموت غداً. لذلك بعض العلماء الّذين يخافون الموت يَدهَنون لحاهم بالسواد، والنبي ﷺ نهى عن دهن اللحية بالسواد.

أيها المسلمون: علينا بالتفكّر كثيراً . *تَفَكُّرُ سَاعَةٍ خَيْرٌ مِنْ عِبَادَةِ سِتِّينَ سَنَةٍ* [أبو الشيخ في العظمة عن أبي هريرة بإسناد ضعيف جداً وجاء أيضاً عن أنس بن مالك من قوله في مسند الفردوس لابن الديلمي بلفظ *تَفَكُّرُ سَاعَةٍ فِي اخْتِلَافِ اللَّيْلِ*

وَالنَّهَارِ خَيْرٌ مِنْ عِبَادَةِ أَلْفِ سَنَةٍ ويروى نحوه عن ابن عباس من قوله بلفظ **تَفَكُّرُ سَاعَةٍ خَيْرٌ مِنْ قِيامِ لَيلَةٍ** بسند ليّن، وروي مثله عن أبي الدرداء من قوله في الحلية وشعب الإيمان من طريقين عنه. وجاء أيضاً عن عمرو بن قيس المُلائي بتخفيف اللام تابعي ثقة متقن عابد بلفظ **بَلَغَنِي أَنَّ تَفَكُّرَ سَاعَةٍ خَيْرٌ مِنْ عَمَلِ دَهْرٍ مِنَ الدَّهْرِ** فثبت معناه عن الصحابة ومَن دونهم وحكمه حكم المرفوع لأن مثله لا يتأتّى بالرأي]. والتفكّر واجبٌ: ﴿ **الَّذِينَ يَذْكُرُونَ اللهَ قِيَامًا وَقُعُودًا وَعَلَى جُنُوبِهِمْ وَيَتَفَكَّرُونَ فِي خَلْقِ السَّمَاوَاتِ وَالْأَرْضِ رَبَّنَا مَا خَلَقْتَ هَذَا بَاطِلًا سُبْحَانَكَ فَقِنَا عَذَابَ النَّارِ** ﴾ آل عمران ٣ :١٩٠ أي التفكّر واجبٌ في كل عمل نعمله وفي كل وقت نجلس فيه. لأن بالتفكّر نتعلّم أو نتذكّر قول النبيّ ﷺ **تَفَكُّرُ سَاعَةٍ** أي إذا تفكّرت ساعة وجلست بنفسك ولوحدك في غرفتك والناس نِيَامٌ

وأنت جالسٌ تتفكّر بما عملت في هذا اليوم وما فعلت في هذه الليلة وتستغفر الله عز وجلّ، يؤجرك الله عز وجلّ كأجر ستين سنة من العبادة.

نرجو الله عز وجل أن يجعلنا من عباده المخلِصين المخلَصين، وأن ينصرنا على أنفسنا نصراً عزيزاً مؤزَّراً إذ النفس هي الأمّارة بالسوء. فعلينا بإطاعة الله عز وجل وإطاعة الحبيب ﷺ المصطفى عليه أفضل الصلاة والسلام، وإطاعة أولي الأمر أي العلماء؛ وأولي الأمر: الحُكّام والوُلاة. كلاهما وارد عن الصحابة الكرام رضي الله عنهم فتفسيرها من الطَرَفين. والسلام عليكم ورحمة الله تعالى وبركاته.

تمّ بحمد الله

۱۲۳